Tournai

1861

Blanc de Saint-Bonnet, Antoine

Politique réelle...

POLITIQUE

RÉELLE

*

AVANT-PROPOS ET CONCLUSION DU LIVRE DE

L'INFAILLIBILITÉ

*

PARIS

E. DENTU, LIBRAIRE-ÉDITEUR
Palais-Royal, galerie d'Orléans, 13

GAUME FRÈRES ET J. DUPREY
Libraires-éditeurs, rue Cassette, 4

1861

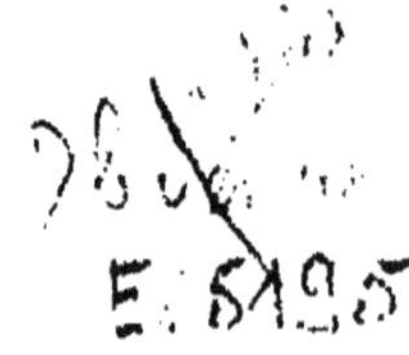

AVANT-PROPOS.

L'EUROPE se précipite vers une crise nouvelle, personne ne peut plus le nier. Des principes qu'on se flattait de contenir, inondent maintenant les États, et menacent les Sociétés modernes d'une dissolution. Il est naturel de porter nos regards vers les lois qui les ont fondées, de chercher dans ces lois les chances de salut qu'elles peuvent offrir.

Le Christianisme opéra une révolution dans le monde, il substitua l'Église à l'État en ce qui concerne notre âme. Il mit la force morale à la place de la contrainte politique : et c'est ce qu'on nomme la Civilisation moderne. Les hommes veulent à cette heure substituer l'État à l'Église. Ils veulent remplacer l'ordre moral par l'ordre politique : et c'est ce qu'on appelle la Révolution.

Le Christ délivrait l'homme, la conscience recevait le sceptre du monde. Ici, rien ne pénètre dans l'ordre politique, qui ne découle de l'ordre moral, c'est-à-dire de la conscience. Mais dans le fait nouveau, rien ne pénétrera au sein de l'ordre moral, qui ne dérive de l'ordre politique, c'est-à-dire de la contrainte. Les Princes avaient les peuples, ils veulent avoir les âmes : de là on les appelle souverains absolus.

Mais Jésus-Christ étant venu racheter l'homme, on ne ravira plus sa liberté, on détruira le monde.

Les hommes ont-ils bien conscience de la révolution qu'ils veulent accomplir? Laisseront-ils périr le droit d'où la logique et d'où l'histoire ont fait découler tous les droits? Laisseront-ils la force reconquérir la conscience, le droit de l'homme prendre la place du droit de Dieu? Si l'homme est libre, il ne doit obéir qu'à Dieu, de qui toute justice et toute autorité découlent; si l'homme est libre, il a droit à la vérité...

La question de la vérité est au fond de toutes les autres. La pensée et la loi, le droit, la Société entière ne sont en peine que d'un fait, ne cherchent éternellement qu'une chose, la vérité. Il faut une raison dernière : si elle n'est pas morale, elle sera politique, ainsi que dans l'Antiquité. Ce qui ne se fera plus par la Foi, se fera par la loi. Otez l'Infaillibilité, les tyrans la remplacent.

Les libertés, les lois, les dynasties, la Civilisation entière ne peut avoir qu'un point d'appui en dehors de la force, à savoir la force morale, la force de la vérité. La question de nos droits, de notre conscience, la question de la vérité est au fond de tous nos problèmes, et constitue la base de notre inviolabilité... La confusion arrive au comble : il faut qu'une affirmation se pose en face de la Révolution ! Cette affirmation ne peut être donnée que par la vérité, et la vérité elle-même que par l'Infaillibilité.

Dès qu'on ôte à la Société le moyen de reconnaître la justice et la vérité, le Pouvoir, aussi bien que l'esprit de l'homme, n'a plus de règle que sa propre pensée : dès lors, sur la terre, plus de souveraineté de droit ; dès lors, plus d'obligation d'obéir, l'ordre social devient logiquement impossible. L'Infaillibilité est le pivot de toutes les questions chez les hommes : c'est le point d'appui dont parlait Archimède... Il faut qu'on sache où est la vérité, autrement on ignore où est le droit, où est la loi, où sont les mœurs, où est la Société, et les hommes en cherchent les principes à travers des révolutions et des déchirements sans fin.

Quatre droits tenaient debout l'Europe: l'Infaillibilité, la royauté, l'hérédité, et la propriété. Quatre erreurs les ont successivement ébranlés : le gallicanisme, le libéralisme, le républicanisme, et le socialisme. Le gallicanisme, en attribuant les droits du Saint-Père aux membres du Concile et aux rois; le libéralisme, en attribuant ceux du Roi aux assemblées et à la foule; le républicanisme, en renversant, au nom de droits prétendus innés, les droits acquis, issus du mérite de l'homme; et le socialisme, en distribuant le capital à ceux qui n'en ont point créé. Car celui-là vint renverser l'hérédité morale dans l'Aristocratie, qui n'est que le développement social de la famille, et celui-ci, convertir en droit public le droit essentiellement personnel de la propriété, qui est la royauté de l'individu.

C'est d'en haut qu'est parti le mal. Une fois la cognée dans l'arbre, elle suivra le fil du bois...

Le gallicanisme fut l'erreur des classes les plus élevées, le libéralisme fut celle des classes intermédiaires, et le socialisme, celle des classes inférieures : chacun s'est emparé du droit qui confinait au sien. Frappé à la racine, le tronc s'est incliné, et la foule s'est précipitée sur les branches. Comment rétablir la propriété sans rétablir l'hérédité? l'hérédité, sans rétablir la Royauté? la Royauté, sans rétablir l'Infaillibilité, qui est la royauté de Dieu? Si le mal est venu d'en haut, c'est d'en haut qu'on doit le bannir! Les droits se tiennent; le champ du laboureur et le trône du roi, l'épargne du manœuvre et les fonds du banquier, le palais comme la chaumière n'ont que le même fondement : rien ne repose que sur le droit, rien n'est garanti que par Dieu. En défendant le Droit chrétien, c'est l'homme, c'est notre Civilisation que le Pape défend à cette heure. En brisant son pouvoir, l'Europe briserait son droit, elle s'abdiquerait elle-même.

Le gallicanisme fut le protestantisme des trônes, le schisme fut la révolution des Rois. On entama le droit de Dieu, on vit tomber dès lors le droit qui se rapporte à l'homme. Mais le trouble où les événements surprennent la plupart des hommes explique leur imprévoyance. Ils croyaient ne poursuivre qu'un fait; ils s'aperçoivent qu'ils ont poursuivi le Principe, et que la destruction arrive jusqu'à eux. C'est l'Église, c'est le cœur de la Civilisation qui est atteint, c'est l'homme que l'on va renverser... Que les classes qui fondèrent la Société, cet édifice auguste de l'obéissance, songent à la relever aujourd'hui sur sa PIERRE angulaire, sur la pierre posée par Jésus-Christ!

L'homme n'obéit qu'à deux lois, qui se suppléent toujours, celle de la conscience ou celle de la force : et même avant le Christianisme il ne connut que la seconde, celle dans laquelle il retombe dès que l'autre s'évanouit. Il faudra s'asseoir, en définitive, sur la morale ou sur la force; mais si l'on choisit la première, il faut bien la prendre à sa Source! La logique ne connaît pas les transactions; chassée d'un terme, elle va se replacer dans l'autre... Voyez, cherchez, il n'existe que ces deux lois; et quand il s'agit de fonder un édifice comme celui de notre Civilisation, il faut traverser les terres mouvantes, il faut arriver sur le Roc. Et qu'est-ce, d'ailleurs, que l'Église, sinon le droit de Dieu introduit chez les hommes? et la Révolution, sinon le droit de l'homme affranchi du contrôle de Dieu? Et qu'est-ce qu'un tel droit, sinon le retour à la barbarie?

L'obéissance, comme la loi, ne peut descendre que de Dieu : il importe dès lors que le lien, que le droit divin soit visible. Dès que le souverain le brise, il perd autant qu'il est en lui le droit de commander, la conscience le devoir d'obéir; du même coup s'évanouissent aux yeux des hommes le Pouvoir et l'obéissance. Ne sont-ce pas nos lois, et les peuples sont-ils des mystiques parce qu'ils suivent la conscience qu'on leur fait? Le principe a fléchi, et les Empires se sont affaissés : *conturbatæ sunt gentes, et inclinata sunt regna*... On a coupé l'obéissance à sa racine, et la moindre secousse a fait tomber les Rois. Quelques hommes, à Naples, ont renversé ces jours derniers une nation de neuf millions d'âmes. Il y a treize ans, des insurgés à peine plus nombreux renversèrent en quelques heures le plus puissant État; le lendemain trente-six millions de Français se mettaient à leurs pieds. Immédiatement le même fait éclate à Vienne et retentit jusqu'à Berlin... Qu'est-ce que l'Europe? qu'est-ce que cette société faite de main d'hommes, et que l'homme revient démolir?

L'ORDRE moral n'est pas seul ébranlé, l'ordre matériel présente des symptômes graves. Les États de l'Europe émettent aujourd'hui des emprunts qui absorbent les ressources recueillies par l'épargne de leurs populations. De semblables ressources suffiront-elles toujours? Par suite de nos mœurs, l'épargne ira en diminuant, et par l'effet de nos doctrines, les dépenses publiques vont aller en croissant: combien de temps marchera-t-on dans cette voie? D'une part, affaissement de l'ordre moral, sur lequel s'appuyait l'ordre politique; de l'autre, épuisement des ressources employées à le soutenir, la Société marche donc vers l'époque où elle ne fera plus ses frais... La question qui s'ouvre est bien simple: La Société a-t-elle toujours autant coûté? et lorsqu'elle coûtait moins, quelle force parvenait à la maintenir? C'est cette force que je veux indiquer.

Après ce prélèvement, ce qui subsiste de l'épargne des classes supérieures se transforme en papier dans leurs mains, pour redescendre en salaire sur la foule. Mais le salaire se dissipant à mesure, si un événement vient détruire le papier, nous aurons donc le sort économique de l'Espagne? Elle mit sa richesse dans l'or, comme nous mettons la nôtre dans l'industrie de luxe et dans l'agiotage; le jour où l'or fut écoulé, il ne resta à ce pays que ses terres abandonnées; et sa population fut réduite aux limites de ses subsistances. Le luxe et le papier dessèchent en ce moment chez nous les Aristocraties. Les classes qui créent encore du capital, le voient se transformer en capital fictif, et disparaître dans les consommations improductives. La Civilisation moderne, jusqu'à ce jour, mit au contraire tous ses efforts à retenir ce fluide précieux dans le sol, dans la propriété, dans les antiques réservoirs des Aristocraties. Car la population repose sur la production, la production sur le capital, le capital sur la propriété, la propriété sur la rente, qui en est le mobile, et sur la rente enfin reposent les arts, les sciences, les lois, notre Civilisation entière. C'est par le capital, par la puissance du capital, qu'elle a pu remplacer l'Esclavage. La Civilisation n'existerait pas sans la rente : si on l'abolissait, la Société rentrerait dans la barbarie; mais vouloir affaiblir la rente[1], c'est vouloir s'y précipiter. La Société fut-elle toujours réduite à la nécessité de dévorer son capital pour prolonger son existence? Si les classes qui gouvernent avaient toujours été soumises à cette épreuve, seraient-elles arrivées jusqu'à nous? Lorsque les foules n'entraînaient point ces sacrifices, quelle loi les élevait dans la paix? C'est encore cette loi que je veux indiquer.

L'Europe se retrouve non en présence d'une invasion, mais de la dissolution même; le Christianisme se retrouve non en présence d'une hérésie, mais de la négation absolue, c'est-à-dire dans un état plus effrayant pour le monde que celui où il l'a trouvé... C'est le droit qui va disparaître, c'est tout ce qu'a si péniblement construit le travail sacré de l'histoire. L'Europe n'est ni luthérienne, ni calviniste, ni musulmane, l'Europe est sans principes. Voilà pourquoi elle ne fait rien pour la vérité; pourquoi elle se laisse

1. La rente, ou le *revenu*, c'est-à-dire ce qui *revient* au capital lorsque tout salaire est payé. Il faut du pain constitué par une rente pour qu'un homme puisse faire autre chose que gagner du pain. Si l'on veut réfléchir, un médecin, par exemple, coûte à sa famille de vingt-cinq à trente mille francs, un savant quarante, un magistrat soixante, un homme d'État plus encore, etc....

arracher cette pierre sacrée, cette pierre miraculeuse qui soutient tout, les droits, les lois, les mœurs, dans cette voûte immense de l'édifice européen.

On a perdu plus d'un principe pour en arriver là! C'est pourquoi nous devons remonter vers celui d'où les autres dérivent, et sur lequel doit se fixer notre pensée. Comme si l'époque avait le temps de méditer, j'ai mis le plus grand nombre de ces pages à établir ce point initial. Les conséquences viennent toujours; elles forment ici la dernière partie. A quoi servirait d'exposer de nouveau toutes les conséquences, — qu'on n'a perdues qu'en perdant le Principe, — si l'on ne fixe ce Principe même, d'où elles doivent découler?

Il n'existe au fond qu'un principe, dont tous les autres ne sont que des applications; mais ces diverses applications ne sauraient jamais être opposées; en les séparant on les brise comme la branche que l'on enlève au tronc. L'unité d'un Principe pour l'homme se lit dans l'unité de sa raison. L'âme n'a qu'une loi : n'en cherchez pas une seconde pour l'asservir. Ne cherchons que l'application de cette noble loi à nos sociétés civiles, et d'abord, pour que cette âme immortelle n'obéisse en définitive qu'à Dieu, et ensuite, pour que le bien opéré dans la vie morale soit autant d'opéré pour la loi, autant d'accompli pour la Politique.

C'est la hauteur des vues qui a manqué aux hommes. Ils n'aperçoivent plus que leurs intérêts mêmes se rattachent à la morale et à la politique, la morale et la politique à la Théologie, que dès lors il nous faut la Foi. Dans nos philosophies étroites, nous avons pris quelques idées pour des doctrines, et nos abstractions pour des lois. Hors de la tradition des hommes, l'intelligence individuelle ne saurait aller loin : c'est notre esprit, non la doctrine, qui a été pulvérisé par l'analyse! Sans cette tradition, qui nous élève et nous complète par le sens commun, il n'y a que les esprits tout à fait supérieurs qui puissent embrasser l'ensemble, surtout le lier au sommet. Il n'y aurait pas d'éducation, et pas de Société, si l'homme pouvait grandir par le moi, et se former à chaque époque par des idées individuelles.

L'Église, avons-nous dit, est attaquée; c'est la notion de l'Église qu'il faut rétablir dans sa force.

Ici, la raison donnera la démonstration rationnelle de l'Infaillibilité, l'Infaillibilité celle de la Société moderne... La Foi dans ma raison répand tant de lumières, la raison dans ma foi a mis tant de clarté, que peut-être il en sortira ici une étincelle. Trois parties dans ce livre[1]; la première me semble s'adresser au rationalisme, la seconde au protestantisme, et la troisième au schisme ; enfin la Conclusion concerne le libéralisme. Ce sont les quatre erreurs qui, lambeau par lambeau nous enlevant le Christianisme, ont fait la place à la Révolution.

La Révolution est la dernière barbarie, celle qui détruit les germes que la première enveloppait. Le signe du retour de la barbarie n'est pas seulement dans l'anarchie, qui pénètre parmi les âmes, mais dans la rareté, mais dans l'impopularité des idées élevées... Il semble que nous avons connu une époque où les idées étaient estimées chez les hommes en raison de leur élévation !

Il est temps! Que les nations décident si elles veulent revenir vers l'Église, qui les a affranchies, ou marcher vers le despotisme, qui les engloutira.

1. Dans le livre de l'INFAILLIBILITÉ : c'est la Conclusion seule que renferme cette Brochure.

Enivrées par l'orgueil, elles ne voient que rêves de bonheur et d'émancipation, alors qu'on les dépouille et qu'on les conduit à la mort.

Cercle fatal! la France périt par l'oubli des principes, et, constamment enchaînée à ce qui se montre à la surface, elle fuit le chemin qui remonte aux principes! C'est ainsi qu'on devient la proie des événements... Celui-là seul est libre qui vit dans les causes morales, dans la cause des mœurs, dans la cause des lois. Là se tient le secret d'une époque, le nœud de l'avenir.

Mais parmi tant d'esprits qui se déclarent indépendants, où est l'homme assez fort pour entendre la vérité? Que dis-je, où est celui qui veut réellement un principe? Dans ces limbes funestes où nous jette la confusion, les âmes fuient comme des ombres que recouvre le manteau du mensonge. Vérité! vérité! qu'as-tu fait pour causer tant d'effroi, pour soulever des haines chez les hommes? Même parmi ceux qui t'appellent, s'il faut te confesser tout entière, le plus intrépide s'arrête, et le plus fier songe à sa popularité...

19 mars 1861.

CONCLUSION.

NÉCESSITÉ DE LA THÉOLOGIE,

OU

POLITIQUE RÉELLE.

I.

Base de la société moderne.

La Société moderne repose sur la Théologie. Elle en a reçu son idée de Dieu, son idée du pouvoir, son idée de la justice, son idée du droit, son idée du bien et du mal, son idée du vrai, son idée de l'homme, de son origine, de son but, de la loi, de la liberté, de l'imputabilité, de l'inviolabilité humaine, de l'obéissance, de la vertu, et de la sainteté; elle en a reçu ses mœurs, sa philosophie et ses lois. D'une pareille Société, retirez la Théologie, c'est comme si vous retiriez la vie ou l'affinité d'un corps, il retombe en dissolution. N'espérons pas vivre sur un miracle.

Déjà la Société est moralement dissoute; elle n'est retenue que par l'ordre politique, lequel dépend d'un événement. A la place de la loi de Dieu, librement acceptée par les âmes, partout la loi fortifiée, rétablissant entre les hommes, entre les classes, des rapports sociaux qui n'existent plus dans les cœurs. Le respect, cet amour de ce qui est plus grand, ne cimente plus la spirale merveilleuse de la hiérarchie. L'orgueil disjoint maintenant les pierres, que l'erreur avait ramollies. La force descend partout se mettre à la place de l'Autorité. Plus d'ordonnance, plus de croissance, tout reste bas; les peuples vont comme des troupeaux. Les armées qui maintiennent la paix intérieure sont trois fois plus considérables que celles qui défendaient autrefois les États; et les nations deviennent policées, de civilisées qu'elles étaient. Le jour approche où la Société ellemême ne fera plus ses frais. La banqueroute finale suivra la dissolution morale, et la barbarie sera là.

Si la force morale est méprisée des hommes, une autre force viendra la remplacer...

En repoussant l'Église, nous nous sommes ruinés. Ce qui ne se fera plus par la vérité, se fera par l'argent; la conscience se verra remplacée par la loi : vous voulez le despotisme pour vos vieux jours. En perdant de vue le Ciel, l'âme a perdu ses droits, et rendu sa vie de plus en plus douloureuse sur la terre. Que ne puis-je ici pénétrer les cœurs comme la conviction a pénétré mon âme! que ne puis-je les ouvrir à la lumière et redire aux hommes si fiers de notre Société moderne, comme à ceux qui voudraient la sauver :

Une société est une UNITÉ SPIRITUELLE, un ordre, un monde dans les esprits. Voyez le mécanisme divin de la liberté de l'homme, de l'être que l'on forme ici-bas pour le Ciel : ses lois reposent sur ses mœurs, ses mœurs sur les consciences, les consciences sur les devoirs, et les devoirs sur l'Autorité spirituelle qui les éclaire et les prescrit. Notre civilisation roule sur l'Infaillibilité sans la voir[1]. Otez l'Infaillibilité, et les devoirs, les consciences, les mœurs, les lois, les institutions disparaissent successivement[2]. Otez l'Infaillibilité, les tyrans la remplaceront...

Répétons-le jusqu'à la fin à ceux qui désirent sauver la Civilisation moderne : tout pouvoir et toute obéissance viennent de Dieu. Vous sentez que l'homme est un esprit, et qu'il lui faut une logique.

Ne nous abusons pas plus longtemps sur une politique idéale, prise en dehors des faits. L'homme est là ; s'il naissait réellement bon, l'ordre politique ne serait pas seulement inutile, il ne serait pas né. Mais voilà six mille ans que l'ordre politique combat sur cette terre pour y lier le mal, pour rendre la liberté au bien, pour imposer la justice à l'homme, qui ne la voudrait pas. La Chute continue tous les jours : dès qu'on ôte l'arrêt, tout glisse dans l'abyme. Les hommes abandonnés à eux-mêmes retombent vers l'état sau-

1. Hors de là, l'homme glisse insensiblement du schisme dans le despotisme, du despotisme dans la barbarie.

2. Si l'Église se retirait, ce n'est pas le Protestantisme qui maintiendrait le Christianisme. On ne saurait dire que la réciproque soit vraie : la chute du Protestantisme n'entraînerait point celle du Catholicisme.

vage, vers l'état naturel de l'homme que la Chute a renversé de son état surnaturel. Car, fait en vue de l'état surnaturel, l'homme n'a point d'"état de nature ici-bas!

La Société humaine telle que nous l'avons eue, est une merveille soutenue par Dieu, une merveille appuyée sur les deux forces d'en-Haut, la Grâce et l'Autorité. Que penser de ceux qui ébranlent à la fois les deux colonnes du temple? Ne nous obstinons plus à méconnaître nos origines. Et prenons garde! avec des saints et des Barbares on fonde une civilisation; avec des saints et des populations qui se sont ruinées, et qui ont perdu la simplicité en même temps que la Foi, on ne produit que des martyrs au sein de la dispersion finale. Les races qui ont péché longtemps contre le Saint-Esprit, ne sont jamais remontées sur le trône de la civilisation.

Les nations ont été élevées par leurs religions comme les enfants par leurs mères. Elles ont été mises debout par des lois qu'elles ne sauraient quitter. Si l'édifice penche, on ne peut que le ramener dans l'équilibre qu'il a perdu. Enfin les religions ne sont pas des abstractions privées, mais des lois générales manifestées dans les esprits. La fontaine sacrée où les âmes et les lois vont puiser la vie doit s'offrir à tous les regards. Sans l'Église, le Christianisme eût été l'idée la plus belle de la terre; mais elle s'y fût elle-même effacée, comme s'effaçait tous les jours chez les Juifs l'idée de l'unité de Dieu. Si le Christianisme est la plus grande des merveilles, l'Église en est la plus précieuse, elle qui nous l'a conservé, et en a transmis la substance au corps entier. C'est ce Christianisme, divinement conservé dans l'urne sacrée de l'Église, que les peuples appellent le Catholicisme, du nom de la vérité qui est universelle, ou plus simplement encore, l'Église catholique. Elle est le centre, elle est la source ; c'est d'elle que notre Civilisation reçoit la vitalité. Que serait-ce, ô philosophie ! si nous abordions la donnée d'une Création, pareillement inexplicable sans l'Église, sans l'établissement de la vérité au sein des êtres intelligents ? Retrancher l'Église de la Création, c'est en retrancher l'homme... sa liberté, sa haute inviolabilité spirituelle. L'Église, c'est la vérité. Elle nous donne le mot de la création, le sens de l'homme ici-bas.

Non-seulement elle est l'âme de la Civilisation, par cette ordonnance morale dans laquelle elle établit elle-même les hommes et nous offre la Société intérieurement faite ; mais, politiquement, et à cette heure, elle est la vie des États, soit par la loi qu'elle met dans les âmes, soit par la direction qu'elle imprime aux esprits. Il faudra en convenir le jour où l'on réfléchira à l'instabilité où se trouve l'Europe. Il n'y a pas là d'abstraction, mais une simple déduction. L'homme n'agit que d'après sa pensée : il faut en chercher les sources et trouver ce qui les altère.

Allons donc au siége du mal, voyons de quelles vérités l'erreur est venue occuper la place. Le temps n'est plus où les lois n'étaient qu'une déduction ; où l'on faisait de la politique en appliquant les principes : il faut aujourd'hui les fonder. Il faut remonter dans l'ordre moral pour rétablir la politique, et dans la métaphysique pour rétablir l'ordre moral... Les croyances ne servent plus.

II.

Erreur qui détruit cette base.

Il faut savoir ce qu'il y a dans l'homme pour savoir ce qu'il y a dans la Société ; il faut voir si les idées qu'il reçoit de son point de vue actuel, le maintiennent dans la Civilisation ou le conduisent en dehors. Le point de vue où se place l'esprit humain, nous fait ce que nous sommes.

Mais il ressort plus qu'on ne pense du point où s'arrête le cœur [1]. Nos convictions naissent dans nos vertus ; aussi se forment-elles lentement, et par un emprunt invisible fait à notre croyance ; mais une fois établies, la puissance en est aussi irrésistible qu'inépuisable. Comment se fait-il alors que, dans son esprit, toute une doctrine se présente à la fois, que sa pensée lui arrive toute formée? l'homme ne le sait plus. Une époque est toujours toute prête. On ne repousse vulgairement la métaphysique que parce qu'on y obéit toujours. Aussi ne saurait-on comprendre la difficulté de modifier la moindre idée en nous. Les idées ne changent qu'en masse et par système, avec leur axe entier. Un homme n'en persuade jamais un autre, à moins qu'il n'offre à celui-ci une de ses propres conséquences, ou que déjà son point de vue n'ait changé. Les esprits ne sont pas libres de résister à leur logique.

1. Le cœur a le pouvoir d'emporter tout notre esprit où il le veut, selon les mouvements de son amour : ce qui rend l'homme responsable de ses pensées.

On ne peut qu'en changer la direction par une lumière très-vive, capable d'entraîner le cœur. C'est pourquoi les hommes ont quelquefois besoin de grands événements.

C'est donc l'état de la raison qu'il faut visiter en nous; là se tiennent les sources d'un siècle. Là nos croyances préparent en secret nos mobiles et produisent conséquemment nos mœurs. En définitive, ce qui fait l'homme, c'est sa foi. L'ordre civil et politique, l'histoire ne le peut ignorer, découle de l'ordre moral, l'ordre moral de l'ordre spirituel ou des dogmes. Les axiomes unis aux dogmes donnent l'état de la raison : de là celui de la Société. N'appelez point cela de la spéculation, vous laisseriez échapper vos lois mêmes.

On doit examiner l'état bon ou mauvais de la raison si l'on veut découvrir celui de l'homme, et, toujours, quoi qu'il dise, revenir se placer vers Dieu, vers celui qui l'a fait, si on veut le comprendre. Nous ne saurions échapper au plan de la Création, oublier les lois divines, puisque ce sont ces lois qui nous conduisent. Toute la politique est là-Haut : seulement, on oublie d'y porter les yeux. Nous ne savons plus voir comment les causes premières entraînent les causes secondes, ni celles-ci l'ensemble des faits. Cependant, c'est une cause toute métaphysique, l'affaiblissement d'un axiome, un simple dérangement dans la pensée qui produit toute la Situation... Si nous ne comprenons pas cela, nous entrerons dans une impuissance absolue, nous tomberons écrasés sous les faits. L'époque est plus mal qu'il ne semble, c'est l'esprit qui est atteint.

Or, aujourd'hui, deux notions nous échappent de plus en plus, celle de la Création et celle de la Chute. La première disparaît de la raison, et la seconde de l'expérience même. En nous l'idée de cause s'affaiblit; nous oublions que l'Infini seul peut exister par lui-même, et que notre propre racine est constamment fixée dans l'Être. Nous n'avons pas assez présente cette notion, que la piété maintenait aussi vive en chacun de nous que dans l'esprit du plus grand métaphysicien. La Foi entretenait plus de métaphysique[1] que les efforts d'une raison que l'on détourne et qui se lasse. Nous ne sommes plus assez préoccupés de Dieu : bien que là soient toute raison et toute cause. D'ailleurs, c'est la raison qui s'affaiblit. Quoi ! l'homme peut-il sentir une seule fois battre son cœur sans remercier au même instant l'Infini ? D'ordinaire, les gens de bon sens doutent d'eux mêmes et croient en Dieu, ceux d'aujourd'hui ont des doutes sur Dieu et croient en eux : où l'on voit le chemin que le néant fait dans les cœurs !

L'orgueil, qui déjà affaiblit en nous l'idée de l'Être, le cache, et nous empêche de voir tout notre néant, dissipe également cette autre idée : que nous avons essuyé une Chute; qu'affaissés dans le mal, nous

1. L'homme n'ayant pas assez de portée philosophique pour préférer tout de suite le Ciel à la terre, ce qui serait de stricte logique, la piété vient quelquefois demander au cœur ce que ne saurait donner la pensée. La philosophie, irritée, s'en aperçoit, et se hâte d'appeler mysticisme ce qui s'élève à Dieu par une autre voie que la sienne. « Pour arriver à Dieu, dit-elle, il n'y a qu'une voie, la raison; le « reste est du mysticisme. » Pour arriver à Dieu, il y a toutes les voies qu'il a tracées, celles de la grâce et celles de l'amour, celles de la volonté et de l'obéissance. Les peuples n'emploient pas la philosophie.

dépendons de Dieu non-seulement pour la création, mais aussi pour la réparation de notre être. Bien que le mal découle de toutes parts, qu'il nous consume, qu'il nous dévore, nous ne le voulons plus voir au fond de notre propre nature. Il vient du dehors, il le faut repousser par une autre méthode. Et nous ne le voulons plus voir en nous, afin de ne point contracter d'obligations intérieures, de n'avoir pas plus à nous soumettre à notre Réparateur qu'à notre Créateur. Toujours la même pensée. C'est là le fond métaphysique de nos âmes, et, qu'on le sache ou qu'on l'ignore, la source de notre situation politique... Perdant peu à peu la raison, par l'affaiblissement de l'idée de cause, qui en est la racine, et la pratique, par la négation d'un fait qui sert de base à l'expérience universelle, nous quittons les grandes directions, nous poussons de plus en plus les Sociétés modernes hors de la réalité.

Dès que le mal ne tient plus à l'homme, il doit céder à une autre méthode, la religion n'est plus le grand remède. Le mal n'est qu'un accident du dehors, le résultat d'une fausse organisation sociale : c'est sur la Société, non sur l'homme, que pèse la responsabilité du mal. Il faut l'empêcher de naître en enlevant de la Société la pauvreté, la misère, les douleurs qui l'ont produit; enfin prendre l'œuvre par le pied, en restituant à l'homme les droits inhérents à sa nature immaculée. Tout, effectivement, doit changer, quand les effets sont pris pour cause! Ainsi l'orgueil, dans lequel nous oublions que pas une seconde ne s'ajoute à notre être qu'elle ne vienne de Dieu, nous conduit à penser qu'un système de réparation est encore bien moins nécessaire à cet être pour lui rendre ce que le mal lui a ôté; et par cette brèche tout le Christianisme s'échappe de notre esprit... Le principe d'Autorité, qui ne peut évidemment s'y maintenir qu'en raison du besoin que nous avons de nous rattacher à Dieu et de nous garantir de l'homme, s'enfuit par la même voie. On ne sent plus assez l'immensité de Dieu et le peu que nous sommes; cela suffit pour renverser l'axe de notre esprit et fausser tous les grands problèmes. La dépendance où nous restons du Créateur est, en définitive, la source de l'Autorité, si ce que nous devons craindre des hommes en est le motif ostensible. Il les faut gouverner, et non-seulement pour les retenir dans le bien, mais d'abord pour ôter de devant eux les obstacles que leur opposerait le mal.

Hors de l'Église, je défie de trouver un principe d'Autorité, une base suffisante pour gouverner. Les hommes veulent y voir. Si l'on consent au despotisme, tout est dit[1]... Mais hors de l'Église vous ne pourrez plus gouverner. L'homme est moralement libre, il est l'enfant responsable de Dieu. Les hommes réunis ne pourraient donner une loi à l'un d'entre eux, toucher au droit de cette créature qui puise son inviolabilité dans sa responsabilité devant Dieu.

Hors du Saint-Père, où nous voyons justement le canal de l'Autorité remonter jusqu'à Dieu, et de la doc-

1. Le despotisme, qui substitue la volonté humaine à la volonté de Dieu, est nécessairement en raison inverse de la présence de Dieu sur la terre. Le despotisme existe quand le Souverain, par exemple, se substitue à la justice. Mais comme les volontés doivent être dans la justice, elles restent toutes libres, quelque énergique que se montre la volonté du Souverain pour faire exécuter la justice.

trine de l'Église, où nous savons que les Puissances sont ordonnées de Dieu, on ne maintiendra plus de gouvernement chez les peuples, chez ceux du moins qui ont possédé le Christianisme jusqu'à ce jour. Toutes nos lois d'équilibre, toutes nos constitutions ne sont que du papier. Avec les notions de liberté morale, recueillies dans des dogmes que la démocratie leur a fait rejeter comme une écorce dont on a pris le fruit, ces peuples vous répéteront en termes si clairs que les hommes sont égaux, tous inviolables, que la Révolution sera là avant vous, toujours debout, toujours prête, et plus légitime à leurs yeux que la Société !

On le voit maintenant, la Révolution s'est accrue dans le monde en raison de la décroissance en nos âmes de la pensée de Dieu. En Politique, dans les sciences et dans la vie, on n'a pas la pensée de Dieu suffisamment présente ; on ne sent pas à chaque instant que tout absolument vient de lui. L'idée de cause se perd, et la raison s'en va parce que la Foi se retire. Qu'est-ce que l'esprit de l'homme détaché de l'idée de cause ? une feuille tombée de sa branche et chassée par le vent. C'est à l'énergie de l'idée de cause que se mesure la force et l'étendue de notre intelligence. Or cette idée s'entretient dans notre âme par la présence de la pensée de Dieu. On peut se livrer à d'immenses labeurs, entasser les observations, sans faire un pas vers la lumière. Les faits s'amassent sur les faits comme les pierres dans la carrière, la science ne s'élève pas. Mais au sein de la Société, où il s'agit de tout tenir debout ensemble, la perte de l'idée de cause amène un cataclysme affreux. Détaché du principe divin, l'ordre moral s'écroule, et l'ordre politique n'offre plus qu'une ruine. Les sciences ont achevé d'entraîner une raison déjà chancelante ; la Théologie seule pourrait la relever. Que la Théologie paraisse, et verse sa lumière sur toute l'étendue de notre enseignement ! L'histoire, la morale, la politique, l'économique, les sciences physiques elles-mêmes, ne sauraient entrer dans le monde sans allumer là leur flambeau. Les États songeront qu'il y va de leur existence.

III.

Comment l'erreur s'érige en doctrine.

Le Christianisme avait fait croître simultanément l'arbre de la liberté et celui de de l'autorité ; il avait élevé la nature humaine en même temps que son tuteur et son support. C'était un portique appuyé sur deux colonnes précieuses ; retirer l'une, enlever l'autre, c'est le faire écrouler. Et, comme on n'a point à redouter que l'homme se brise lui-même et veuille étouffer son moi, dans ce merveilleux édifice, la colonne de l'Autorité sembla toujours du plus grand prix et la plus importante à maintenir sur sa base. Dieu disait : C'est moi qui fais les Rois ; il voulait qu'ils fussent sacrés par ses pontifes, promus par sa grâce, enfin héréditaires, pour que les hommes sentissent que ces Rois étaient à mesure formés et donnés de sa main. Chaque jour, leurs prières les lui demandaient justes et sages.

Ceux qui heurtent cet admirable plan par leurs théories insensées, par leur fabuleuse histoire ; qui, oubliant le mal que recèle notre âme, estiment le déploiement de la pure volonté humaine comme un bien supérieur à celui de l'Autorité ; qui bornent aujourd'hui leur mission à obtenir des libertés politiques destructives des droits publics et privés des peuples, en sont en ce moment les plus terribles ennemis. Ils coupent le seul fil qui retienne encore la Civilisation au bord du gouffre où ils l'ont amenée. C'est d'en-Haut, c'est par l'Autorité divine que tout arrive à notre faible humanité. Si la foule possédait si bien la sagesse, qu'on en pût tirer les lois et les gouvernements ; si elle était naturellement éclairée, naturellement ordonnée, il n'eût pas été question de gouvernement en ce monde. Viendrait-on faire ce qui est fait, gouverner ce dont on tire l'essence du gouvernement ? Il faut comprendre ce que l'on dit... Quand les systèmes verront-ils ces cercles vicieux ?

Doctrine nouvelle multiplie les docteurs (tout un nouveau cercle d'idées, toute une révolution doit sortir du point de vue qui exclut le mal originel). Pour eux, l'homme a grandi ; il est tout élevé, il faut ôter maintenant les étais. Sans doute, ajoutent-ils, il s'est formé à l'abri de l'Autorité, comme la chrysalide à l'abri de son enveloppe. Aujourd'hui le papillon rejette les téguments ; ses progrès dans la liberté politique sont exactement ceux qui se sont opérés dans son essence [1]. L'homme

1. C'est vrai sans doute en un sens. Mais ces progrès imprimés par le Christianisme aux aristocraties et aux institutions, ne s'étendent jamais suffisamment à la foule, qui, dans ses mœurs, se traite elle-même d'une manière barbare dès qu'elle peut échapper à des lois, par malheur toujours au-dessus d'elle.

est parti, et les pouvoirs restent debout! Mais ils seraient bientôt un obstacle au développement de cette progressive nature, à l'entière évolution sociale. Les renverser d'un coup est la folie de la Révolution, qui ne voit qu'un côté du problème; les maintenir en entier est la sottise du vieux Régime, qui ne voit rien. Oter deux pierres à l'édifice, en fixer une prête à tomber; maintenir tout à la fois un pouvoir et une négation du pouvoir, c'est-à-dire un pouvoir mixte; un gouvernement qu'on attaque en restant dans l'ordre et qui de même se défend, c'est-à-dire un gouvernement parlementaire, telle est la véritable politique. Le grand art est de placer le sabot à la roue du progrès. Gloire aux gouvernements quand la chaîne résiste; mais gloire aux peuples qui s'avancent dans la liberté politique et y arrivent sans verser. — O le grand, le bel art de professer l'illusion!

A ce mot de progrès, si attrayant pour de nobles âmes, vinrent quelques chrétiens surpris de l'oubli du passé dans un fait si considérable. Ils pensèrent y remédier, remplacer le rationalisme par un néochristianisme. Aussitôt la voix des docteurs reprit avec un accent plus doux: L'homme se perfectionne, par le christianisme sans doute, mais il se perfectionne. Si le Christ l'a racheté, s'il le répare sans cesse par les mains de l'Église, la statue renversée dans Éden doit être relevée au milieu des Sociétés modernes. Et tout le dit. La terre refleurit sous notre culture, la ronce a laissé passer la machine, et l'antique malédiction semble fuir devant les pas de l'industrie. Devant nos Codes améliorés, la ronce tombe aussi de nos cœurs, et le mal, de notre volonté si fâcheusement inclinée. Que les gouvernements ont fait de mal à l'âme si noble de l'homme ! Cependant l'ordre politique, qui n'était que le garde-fou, se retire à mesure que l'homme s'avance. La loi s'abolit par la grâce. Nos progrès mêmes sont le degré d'élévation que le Christianisme atteint dans nos cœurs. Que les peuples restés dans le sensualisme gardent encore un système d'autorité qui les met intérieurement à l'abri de leur propre barbarie. Chez nous, en présence de la loi de justice et d'amour, la force doit s'éloigner, l'Autorité se renfermer dans son temple. Elle règne, mais ne gouverne pas ! Dans ce jour attendu, où les hommes se reconnaîtront pour frères, où le paradis perdu sera pour jamais reconquis, la vieille société disparaîtra pour faire place à la Société véritable, à cette phalange glorieuse de la Communion des saints. La Royauté, l'Église elle-même.....

Mais passons quelque chose aux caprices que M. de Chateaubriand[1] caressait sur ses vieux jours. Cependant,

1. M. de Chateaubriand, énumérant ce qu'a perdu le siècle lorsque les RR. PP. Deplace et Druilhet lui furent préférés dans l'éducation du duc de Bordeaux... ajoute, pour stupéfier ses admirateurs : « Si Henri V eût recouvré sa couronne, je lui aurais conseillé de ne « la porter que pour la déposer au temps venu. J'eusse voulu voir « disparaître les Capets d'une façon digne de leur grandeur. Quel beau, « quel illustre jour que celui où, après avoir relevé la religion, per- « fectionné la Constitution, élargi les droits des citoyens, rompu les « *derniers liens de la presse*, émancipé les communes, balancé équita- « blement *le salaire avec le travail*, raffermi la propriété en contenant « les abus, assuré par des *frontières reculées* (etc., etc.), quel beau « jour que celui où, ces choses accomplies, MON ÉLÈVE eût dit à la « Nation solennellement convoquée :

« Français ! votre éducation est finie avec la mienne. Mon premier je redoute moins ceux qui déclarent franchement que la Société n'a d'autre forme légitime que l'An-archie, et que l'homme doit y être dans une égalité, dans une liberté d'autant plus parfaites qu'il y vient recevoir son apothéose. Au fond de leur logique, nous voyons tout entière et toute horrible, l'idée dont vous n'osez déposer au seuil qu'un germe enveloppé ! Si ce n'était le blasphème dont on est navré pour celui qui, dévoilant jusqu'au fond nos pensées, a su du moins conclure, on préférerait la voix qui crie : « Le pain dont l'humanité « s'est nourrie depuis six mille ans, est un poison ; l'air « qu'elle a respiré, la chaleur qui l'a réchauffée, les « idées qui l'ont éclairée sont des poisons ! Dieu, ce « Dieu sur lequel vous vous appuyez depuis soixante « siècles pour fermer l'homme dans la servitude et la « douleur, c'est le mal ! La justice, cette justice avec « laquelle vous partagez inégalement les honneurs, les « produits de l'industrie et de la terre, c'est là l'iniquité ! « Et votre Société, affichant Dieu, proclamant la jus- « tice, avouant la propriété, c'est l'abomination ! Elle « pousse l'imbécillité jusqu'à favoriser l'échelle des « mérites entre les hommes, jusqu'à consolider une « hiérarchie impie, alors que son triomphe serait de

« aïeul, Robert-le-Fort, mourut pour vous, et mon père a demandé « grâce pour l'homme qui lui arracha la vie. Mes ancêtres ont élevé « et formé la France à travers la barbarie : maintenant les progrès « de la civilisation ne permettent plus que vous ayez *un tuteur*, JE « DESCENDS DU TRÔNE : je confirme les bienfaits de mes pères, en « vous déliant de vos serments envers la Monarchie. » Dites si jamais « temple assez magnifique aurait pu être élevé à sa mémoire? » etc.
— Qui se lasserait d'admirer les voies de la Providence !..

« présenter des hommes partout égaux, et sa gloire d'ê-« tre une An-archie ! [1] » Oui, nous devons moins redouter celui qui oppose audacieusement ce qu'il nomme *La justice de l'humanité* à *La justice de l'Église :* ses paroles n'auront pas le pouvoir de maintenir pendant dix-sept ans, sur la France, un règne habilement hostile à l'Église ; elles ne gardent point au bord de la coupe, le miel que les vôtres portent aux lèvres des hommes qu'on pourra toujours enivrer. Je les redoute moins, parce que l'honnêteté reconnaîtra l'erreur en la trouvant dans les bras du crime ; parce que la foule jugera, aux traces laissées par le feu, jusqu'où l'aberration est montée ; je les redoute moins, le canon des peuples civilisés peut faire justice de ceux qu'elles armeraient du poignard ; je les redoute moins, Dieu tiendra l'homme dans le bon sens, tant qu'il voudra conserver le monde...

Ce qui effraye, c'est l'erreur sous les habits de la science et prenant tous les accents de la raison ; c'est la vérité unie, par un triste mélange, à toutes les erreurs ; c'est l'orgueil des docteurs frappant d'ivresse les hommes les plus habiles et faisant, hélas ! parmi nous, chanceler les plus grands !

1. J'ai connu des hommes disant très-sérieusement que, sans les lois, la Société irait beaucoup mieux, et qui comptaient sur 1848 pour nous délivrer du fatras des législations...

IV.

Le fait contredit cette erreur.

Si l'Église répare sans cesse l'homme, c'est que sans cesse il a besoin d'être réparé... Les générations marchent, mais l'homme reparaît toujours. Dieu lui pardonne le mal : il ne l'en a pas affranchi, ni, conséquemment, des lois qui lui en épargnent les suites.

Si Jésus-Christ en a pris sur lui le côté qui donnait la mort, il a laissé celui qui sert d'argument au mérite, d'exercice à la vertu de cet être qui demeure le fils de ses œuvres. Les générations repartent du même point; elles se communiquent leurs sciences, leurs procédés; elles n'en ont pas pour se communiquer la vertu; l'homme conserve le même mérite à l'atteindre. La Société, comme la famille, se transmet ses biens et ses lois, mais il lui reste à s'élever. Pourquoi confondre le perfectionnement des choses avec celui de l'âme, perpétuellement suspendue entre le bien et le mal? Les crimes sont toujours là, l'État ne peut changer les codes, ni retirer ses lois. La Chute continue [1], puisque Dieu continue de nous relever; les fautes se renouvellent, puisqu'il ne cesse de pardonner; les maux ne sont point sortis de notre âme, puisqu'il nous laisse une Église qui ne doit pas périr : la Chute dure encore, puisque le mal est sur la terre!

1 Non dans son essence, mais dans ses effets.

L'âme, il est vrai, peut rentrer à sa place, le chemin lui est rouvert; mais elle est à la même distance de Dieu. Sa position n'a donc pas changé sur la terre. L'homme y reste incapable de s'élever naturellement à la justice et à la vérité perdues. De là l'Autorité pour lui assurer la première, et l'Église pour lui assurer la seconde : l'Église, surnaturellement; l'Autorité, artificiellement. Le genre humain est relevé de la Chute, mais il est sous la loi et dans les sentiers de la Chute, puisqu'il y trouve les bons et les méchants. L'Église, pas plus que l'Autorité, ne saurait quitter cette terre devant la thèse du progrès. La Civilisation y est encore, en définitive, une association des bons, travaillant par les lois, par l'instruction, par les exemples, par la justice, par la police, par tous les moyens, à y maintenir les autres.

Avez-vous changé les rapports de Dieu et de l'homme? Eh bien! vous ne sauriez changer ceux qui fixent la Société.

Et c'est parce que l'ordre politique est le garde-fou de la Société, qu'il faut se garder d'y toucher. Et c'est parce que nos progrès sont le degré d'élévation du Christianisme dans nos cœurs, qu'il faut garantir les cœurs qui le possèdent de ceux qui l'ont rejeté; puis, au moyen de l'Autorité, établir ces derniers dans ce bien relatif de l'ordre qui fournit la première discipline à leur âme, la met de plain-pied avec le bien, et lui permet d'arriver aux vertus positives. C'est, enfin, parce que ces progrès viennent du Christianisme, qu'il faut laisser toute son énergie à l'Église, pour qu'elle continue de les répandre en nous.

Une méprise inouïe frappe la pensée actuelle d'impuissance en philosophie aussi bien qu'en politique. On raisonne constamment sans savoir si on le fait dans *l'ordre amené par la Chute*, ou dans *l'ordre premier*, dans l'ordre où la création fût restée sans la Chute. Et cependant, s'il y a une Chute, c'est le premier des faits historiques, le fait d'où les autres dépendent, le fait que l'homme d'État, que le Législateur, doit étudier avant tout...

De là, d'une part, les empiriques, et de l'autre les rêveurs : les uns partant de ce qui est, les autres de ce qui devrait être, mais sans savoir pourquoi. Les théoriciens peuvent courir dans un idéal entièrement tracé, sans que les empiriques apportent des raisons suffisantes à les retenir; et les empiriques, rentrer d'autant plus vite au fond de l'expérience, qu'ils ont entrevu les dangers.

V.

L'état de nature. Ici la routine et l'imagination se partagent les têtes; comment persuader à l'idéal de consulter l'expérience, ou à l'expérience de ne point perdre de vue l'idéal? Pour peu que les peuples souffrent, ou que l'orgueil soit réveillé, quelques hommes, comme le firent les légistes, et plus tard Voltaire, Montesquieu et Rousseau, pourront toujours les bercer de l'espoir de revenir à un état meilleur, *à l'état de Nature*, à cet idéal d'autant plus aisé à saisir qu'il se rattache au sentiment d'une perfection que Dieu a nécessairement mise en ses œuvres. Otez les hommes d'un rare bon sens, tous les cœurs bons ou exaltés partageront les beaux désirs, et nous voilà la proie des empiriques ou des rêveurs. Raisonner dans l'ordre amené par la Chute, ou dans l'ordre qui eût précédé la Chute : certes, les deux points de vue sont assez dissemblables! eh bien, personne n'y fait attention. Chacun prend l'un ou l'autre de ces chemins, sans le savoir, et y marche obstinément jusqu'à la fin. Aussi la pensée, de nos jours, n'a-t-elle pu avancer d'un pas. Ceux qui s'égarent les yeux fixés sur l'idéal, ne savent à quoi cela peut tenir.

Entre ceux qui partent d'une sorte d'immaculée conception de l'homme, c'est-à-dire d'un pur naturalisme, et ceux qui s'enferment dans l'empirisme sans comprendre la légitimité du passé, il n'y a pas place à la philosophie, il n'y en a pas conséquemment à la Politique.

Aussi, depuis longtemps, on n'en fait plus. On court au plus pressé; on cherche à se garantir des chocs, plutôt qu'à suivre une route. Car, on n'entre pas plus dans la politique en réduisant les difficultés du moment, que dans les hautes mathématiques en arpentant un champ[1]. Peut-on se servir de la loi de Dieu sans la connaître? et, sans la consulter, en faire une application si difficile? Où conduire l'humanité, si l'on n'apprend du Créateur où elle va? Tout marche ici-bas à la réali-

1. Politique et fatalisme sont deux mots qui s'excluent ; bien que de nos jours on procède, par le fatalisme, à l'étude de l'histoire et de la politique... Invoquer la fatalité, en présence des événements, c'est avouer, ce semble, qu'on n'y comprend plus rien.

sation des desseins éternels. En fait, plus un peuple se rattache d'abord aux lois de l'humanité, plus il saisit ensuite dans l'humanité la loi qui la rattache à Dieu, plus sa marche est certaine et sa politique profonde. Les véritables hommes d'État suivirent cette ligne; et l'histoire proclame les peuples qui y sont entrés. Celui qui ne voit pas les vraies causes, ne saurait espérer de pénétrer dans les effets. Connaître les hommes, n'est pas une mince science; mais, ce n'est là qu'un point, si l'on ne peut les juger à la lumière de leur Loi. Peu sert à l'homme d'État de saisir le but et l'avenir, s'il n'aperçoit les difficultés du présent; mais peu lui sert de les connaître, s'il ne sait où se porter pour les résoudre. On ne pénétrera dans la politique que par les chemins de la Théologie.

Il n'est point aisé de saisir des sottises en nombre, il vaut mieux aller à la source pour en couper le cours. Sur ces questions, il faut atteindre l'erreur jusque dans la raison, ou plutôt jusque dans l'illusion qui l'engendre. D'ailleurs, il faut voir d'un peu haut pour bien voir. Souriez donc : pendant que vous tenez le terrain des faits, je vais, comme un enfant, dans l'invisible région en surprendre les causes.

VI.

Il n'y a pas d'état de Nature.

Pour un être surnaturel, il ne peut y avoir un état de Nature ici-bas. A le chercher, Rousseau a perdu son génie, et la Révolution, malgré le sang qu'elle a versé pour se faire un passage, a succombé sous ses propres horreurs. Enumérant nos maux, Rousseau voulut donc revenir à l'état de Nature[1]; et de là, toutes les illusions que nous fit partager son éloquence. Il crut que l'on retrouverait la perfection de l'homme en supprimant les lois, les religions, l'éducation qu'on lui avait jusqu'alors appliquée : chose facile, si elle eût été vraie. Suivant lui, il fallait écarter tout ce que nous tenions de la civilisation, pour retrouver l'homme de la nature. *L'homme est né libre, et partout il est dans les fers... Il est bon, et la Société le déprave... L'homme qui pense est un animal dépravé...* (Il parlait des pensées que le matérialisme commençait à répandre.) Certainement, l'homme devait avoir été créé bon; le point de vue était tout simple. Et quant à l'homme, il comprit vite qu'il devait être parfait! que tout le mal venait d'ailleurs...

Et puis, dans cette alternative, comment préférer la Société à la nature? la Société que nous avions faite, qui est pleine de nous, à la nature, qui est pleine de Dieu? Partout l'homme vit dans le mal, et Dieu ne peut l'y avoir mis! Ici les évidences se multiplient; et pouvaient-elles ne pas envelopper, comme d'un filet, les esprits qui sortaient des enceintes de la Théologie pour admirer si follement l'antiquité? Le clergé seul échappa à tant d'évidence; bien que, en littérature, en poésie, même en philosophie, des intelligences de toutes sortes aient été prises au piége. Constamment rencontrer le mal, l'ignorance, la concupiscence, la misère, la mort! évidemment, nous étions sortis des voies de la nature.

1. Hors de l'enseignement théologique, il avait toute raison; la perfection est quelque part.

Dieu ne pouvait avoir créé ces choses et s'écrier : Qu'elles étaient bien ! Que dire à des pensées si justes ? Pour comble, en ce moment l'Antiquité venait d'apparaître si belle, et le Christianisme si laid, au jugement de Boileau ! Assurément le genre humain s'écartait de jour en jour de sa voie.

L'idée ne vint pas que notre liberté avait pu se jeter elle-même hors de la perfection ; ni que le fait avait eu lieu dès l'origine, puisque le fleuve entier des volontés roule le mal !

VII.

La Révolution sort de l'idée d'un état de Nature.

Il fallut donc étudier la Nature, et juger à ce point de vue, connu de la pensée seule, une Société dont pas un iota ne devait subsister, puisqu'elle n'avait point été formée sur ce principe de l'état de Nature, de l'état qui n'existe pas. Il fallut donc tout renverser, car tout apparut faux, illégitime. Au point de vue divin, les hommes obtiennent des mérites, et de là, ils s'échelonnent. Au point de vue de la Nature, les hommes, comme les bêtes, sont tous égaux, et de là on les comprime. Les lois, ici, ne sauraient provenir que d'une convention nationale. Toute autre source est tyrannique.

On eut la Convention nationale ; et la Révolution, rétablissant l'égalité, vint combler les désirs des légistes et des rhéteurs, au nom répété de Rousseau, qui présentait l'idée nouvelle avec tant d'éloquence, et de Voltaire, qui, à travers des écrits universellement goûtés, noyait le passé dans l'outrage [1]. Les novateurs étaient pressés; il était temps de retrouver la Nature! Il fallut écarter les hommes aussi bien que les lois. Le sang coula: la foule y avait mis la main! mais comment déblayer?. Or l'état de Nature n'existant point, on trouva, quoi? l'état sauvage: exactement comme les peuples tombés de la civilisation... On avait vu des Sauvages, on aurait pu s'édifier. Mais, aux mains d'une époque, la logique est si forte, qu'on aima mieux croire à des idées qu'à ses yeux.

Cependant la lassitude des bourreaux apporta quelque trêve. Des victoires éblouissantes, puis des revers, captivèrent un instant notre attention. Mais les loisirs reparaissant avec la paix, notre pensée se remit à suivre la donnée de l'homme né bon, toujours indiquée par Rousseau et maintenue par les légistes. Les économistes, à leur tour, nous apprirent d'où nous venaient l'injustice, la misère, enfin la mort! ils publièrent les moyens sûrs de rétablir partout et l'abondance et le bonheur, si positivement promis par la Nature. Pour une fin si désirable, il suffisait de rompre tous nos droits, de mettre les biens en commun et d'appeler des machines à les produire...

Ce Fourier, qui charme encore tant d'heureux esprits, fut le disciple des légistes et le nourrisson de

1. « La Convention décrète que les honneurs du Panthéon seront rendus aux libérateurs de la pensée. » La translation des restes de Voltaire eut lieu le 11 juillet 1791. La Révolution reconnaît Rousseau pour son père, et lui décerne les mêmes honneurs. « A peine sortis des « forêts, nos pères n'avaient que le bon sens de la nature, et les philo- « sophes nous apprirent les premiers le chemin du bonheur et de la li- « berté, etc. » (Disc. de Baudin). — Quel bonheur? et quelle liberté?

Rousseau, comme Jean-Jacques fut celui de la Renaissance[1]. De l'égalité devant la loi politique, de Montesquieu et de Rousseau, Fourier arrive très-sensément à l'égalité devant la loi économique : pendant qu'on marchait, en Allemagne, de l'idée de notre indépendance de l'Infini à l'idée de nous le subordonner lui-même[2]... Partager le pain, c'était rendre la vie à la question. Inutile d'avertir comment, prises au point de vue païen, mais écloses de 1820 à 1848, les idées économiques offertes par la Révolution, — et enseignant à l'homme que le travail est une misère dont on le délivrera, l'épargne, un ridicule, la consommation, le but et dès lors le remède, — préparent une catastrophe analogue aux catastrophes politiques. Ajoutons, pour finir, que ceux qui, depuis quarante ans, demandent compte aux gouvernements de toutes nos imperfections et de tous nos maux, comme M. Fourier, sont au service de la vieille pensée qu'a recueillie le philosophe de Genève.

En logique, les gouvernements ne peuvent subsister une heure devant un pareil point de vue ; et, en fait, ils n'ont cessé de rencontrer chez les peuples l'Opposition toujours debout, et des révolutions périodiques. On ne saurait subsister quand on a tort. Les gens sensés sont peu nombreux pour arrêter un courant de ce genre. Qu'on a donc travaillé, fait d'essais, et souffert;

1. Filiation reconnue : « Nous sommes philosophes et révolutionnaires, s'écrie le *Journal des Débats* ; mais nous sommes les fils « de la Renaissance et de la Philosophie avant d'être fils de la Révo« lution. » Avril 1852.

2. « Dieu n'est que l'Être en croissance ; il lui faut l'homme pour se « développer, pour prendre conscience de lui-même, tandis que « l'homme n'a pas besoin de Dieu. » Hégel, Feuerbach, Stirner, etc.

qu'on a exposé d'âmes et couru de périls pour une seule erreur, pour une erreur théologique ! Rousseau y laissa son génie ; et notre siècle peut dire s'il y perdit son temps et sa valeur jusqu'à ce jour. Toutes nos thèses politiques et économiques ne s'en iront qu'avec la thèse de Rousseau, et celle-ci ne tombera que devant l'idée de la Théologie, l'idée de l'expérience : le mal !

Tant que ces points de vue subsisteront, les États ne pourront compter sur l'existence. La foule croit sérieusement que ses intérêts sont là. On ne saurait tenir contre les prétendus intérêts de tous, le bon sens le déclare. C'est donc toujours sur la pensée d'où naquit la Révolution, que roule la question politique.

VIII.

Le compte en est facile. D'abord, ne voyant plus le mal comme inhérent à notre âme ; puis, croyant que l'homme existe un peu par lui-même, du moins quant à son intelligence et à sa volonté, on oublie sa dépendance de l'Infini, on en fait, qu'on le proclame ou qu'on le nie, une sorte de Dieu au sein des choses, Dieu fort à plaindre d'être soumis à tant d'abjections ici-bas. Dès lors la Création n'est plus exempte de reproches, ni plus juste envers lui que la civilisation. Tel est le sentiment qui domine les cœurs, celui que les littérateurs, faisant suite aux historiens, aux politiques et aux économistes, envoient à tous leurs échos ; car la littérature est toujours fille soumise de la philosophie, quand

Le Panthéisme, métaphysique de la Révolution.

il en existe une, ou des sens, quand ils ont étouffé la philosophie.

Depuis trente ans, cette triste expression de la Société met ses joies à exalter la nature de l'homme, à nous montrer la Création fort au-dessous de ce grand cœur, à en plaindre le sort dans d'inépuisables romans. Tous ses héros, grands par le génie et par le caractère, d'une nature supérieure, à la façon des dieux, veulent tous, pour le prouver, briser nos lois, depuis celles de la pensée jusqu'à celles du mariage, puis s'échapper de cette détestable vie par la porte de la débauche ou celle du suicide... Taisez-vous ! cette littérature, sous des formes maladives, ne fait que rendre à la foule l'idée qui fait le fond de votre thèse philosophique, historique et politique. Entre vous, la différence est dans les mots : vos livres, depuis soixante ans, soulèvent chez l'homme le même orgueil, les mêmes passions.

D'abord vous demandez tous la même chose. N'est-on pas toujours sûr, philosophes, politiques et littérateurs, de vous voir soulevés, premièrement, contre tout ce qui s'oppose à votre thèse de l'Égalité ; et secondement, contre tout ce qui favorise la Foi ?. Eh ! que dit cette Foi ? Que nous dépendons totalement de Dieu. Et votre Égalité ? Qu'on ne doit rien avoir au-dessus de soi. Aveu complet.. que pouvez-vous répondre ? Ce siècle vous contient tous dans sa pensée, non sur le même point, mais sur la même ligne : il ne faut que la suivre. Depuis la thèse qui proclame les droits innés de l'homme, en histoire, en politique et en économie, partout où l'on veut se passer de Dieu, jusques aux héros incompris, jusqu'au travail attrayant, à la mer de Fourier prête à tourner en limonade, je ne sens pas de différence [1]. C'est toujours la nature courbée devant le moi, et non celle que le mal souleva contre lui. En nous est l'essence des choses ; loin de dépendre, et de bénir Celui dont il dépend, l'homme n'a ici-bas que des droits à faire connaître, et puis quelques appétits... Que les savants et les littérateurs doivent mépriser la métaphysique, qui les fait tous ainsi obéir à la fois !

Vérifiez vos points de contact : faut-il qu'on vous aide à les reconnaître ? La Société, c'est l'homme dont on n'a pas compris les droits ! la Religion, une heureuse imposture, à laquelle il faut bien renoncer ! l'histoire, un long passé dans l'erreur ! l'économique, l'homme sacrifié dans sa chair ! Mais la philosophie, c'est l'homme dont on a retrouvé la nature ; l'homme avec un droit à lui, une pensée à lui, une substance à lui, et ne relevant que de lui. Sur ces trois points, il peut pourvoir à tout ; l'Infini n'y est que pour bien peu, si tant est qu'il y soit pour quelque chose encore... — Ah ! pourquoi l'Autorité met-elle tous ses soins à contenir l'homme, si, d'autre part, tous les livres en France conspirent à l'égarer ? Espérez-vous que les Sociétés pourront tenir longtemps contre l'ensemble des consciences abusées, contre les foules exaltées qu'elles renferment dans leur sein? Mal sans bornes; auquel le bras ne pourra rien, si l'Autorité politique ne laisse redescendre la vérité chez les hommes par toutes les voies

1. Les premiers ne sortent pas de l'officine où l'opium est préparé pour des gens au-dessus de la foule. Et les seconds, sachant les goûts de celle-ci, lui montrent des objets qui parlent à son appétit.

de l'enseignement, si l'Autorité ne les ramène à l'éternelle expérience, à la Théologie[1].

L'homme d'État sourit de me voir aller si haut; et moi, de le voir marcher si bas, si loin des causes qui emportent un monde qui lui échappe entièrement. Tout ce qui s'agite en dehors du problème fixé par la Foi est nul : voyez-le bien. De près ou de loin, affirmation ou négation, tout se rattache à la Foi, tout se décide par elle : PARCE QU'ELLE EST LA PLUS GRANDE CONCEPTION EXPLICATIVE DE CE MONDE... Et, aujourd'hui, les politiques et les légistes ne la dédaignent avec une affectation si marquée, que parce qu'ils le sentent trop bien et qu'ils font les derniers efforts pour s'en débarrasser. Mais, sans entrer dans la Théologie, avant de mettre le pied dans l'expérience, entr'ouvrons la porte de la philosophie. Que se fait-il, que se dit-il maintenant au fond de notre âme ? Voyons jusqu'à quel point, en ce moment, elle est à même de se conduire et de diriger la pensée et la Société à la fois.

1. Pendant que vous dites l'homme fait ici-bas pour le repos et les jouissances, la Théologie le déclare fait pour le travail et pour la pénitence Pendant que vous le proclamez indépendant, et que vous faites de ce point une application à la fois métaphysique et politique, les catholiques déclarent que tout pouvoir vient de Dieu, doit être dès lors exercé conformément à sa Loi, et non conformément à celle de l'homme. Ceux-ci voient le plus saint des devoirs dans l'obéissance, et ceux-là, dans l'insurrection... Voilà bien une différence en morale et en politique !

IX.

Faiblesse actuelle de la pensée.

Quelles inconséquences jusque dans notre propre manière de sentir ! Il y a un être près de moi qui me donne à toutes les secondes ce qu'il y a de plus précieux, l'existence ; ce qu'il y a de plus inouï pour moi qui viens du néant, la pensée ; tout ce qu'il y a de divin, la volonté, l'amour ; cet être n'est rien moins que l'Être divin lui-même, et cependant il n'est pas sans cesse appelé dans mon sein par la reconnaissance et par le besoin de mon cœur ! Notre pensée devrait être telle que l'amour de Dieu fût comme une nécessité de notre existence... Après m'avoir donné la vie, il me tend le pain qui doit conserver les jours qui me sont donnés pour déployer ma volonté, puis deux choses plus précieuses encore que tout ce qui n'est pas éternel, notre liberté et la Grâce, pour fonder en cette volonté un mérite de nature infinie, et cependant je ne sais ni m'attacher à cet Être inouï de bonté, ni m'y soumettre, ni traiter avec lui autrement qu'à ma guise et comme si je pouvais m'en passer [1] ! Non, je ne songe point que, si je suis incapable de l'existence, je le suis plus encore de l'Infini !

Car, si je pouvais m'élever vers l'Infini sans le secours de l'Infini, j'aurais moi-même quelque chose de l'Infini. Et

1. Parce que je subsiste depuis quarante années, et que le monde subsiste depuis six mille, sans qu'il y ait eu l'interruption d'un instant, faut-il croire que tout cela ait subsisté, un instant, sans l'éternelle Bonté? M'en ferai-je une arme contre elle ?

ne réfléchissant pas que si j'avais l'Infini en quelque manière, je l'aurais en toute manière et serais moi-même Infini, je ne sais plus me rendre à l'évidente nécessité pour moi d'un Secours infini, aveuglé, ébloui que je suis par ce que je possède de l'existence. Ce qu'il y a d'être en moi me dérobe totalement l'être... oui, je suis si petit et si vain! Perdant toute notion première, ne songeant plus à la nécessité de Celui qui obtient pour moi ce Secours infini, que nulle créature ne saurait mériter d'elle-même, puisqu'elle ne saurait, d'elle-même, rien posséder de l'Infini; ne songeant plus à ce médiateur par lequel mon néant est appelé à ce qui est éternel, comment m'inquiéterais-je alors de ce qui se passe entre lui et moi? comment me demanderais-je si mon âme a su conserver ce Secours, ou s'il a fallu le lui rendre? Le Christianisme, en un mot, cette métaphysique de toute métaphysique ici-bas, où se tiendra-t-il dans ma pensée?

Dès lors, perdant le point de vue divin, ne sachant ni moi-même, ni mon but, comment retrouverai-je le moyen, la loi, ma destination, ma morale, ma politique? Dans l'Absolu, ma substance me semble indépendante, là je ne suis point lié; ici-bas, d'où serais-je lié à des devoirs, à une obligation? Je suis : voilà l'évidence! J'apparais dans l'être; en moi se trouve conséquemment une perfection considérable. Et ma conclusion a une tout autre force, une tout autre portée que celle de Descartes. Pourquoi ce : *donc je suis?* Qui me dit que je ne suis pas? Je suis, au contraire; c'est mon point de départ : donnez les conséquences. Je suis parfait, puisque je suis... Car, s'il m'avait manqué une des conditions de l'existence, je n'y serais point arrivé; j'appartiendrais encore au néant. Je ne suis ni roi, ni homme; être, je suis! et entre comme je le dois dans le domaine de l'existence. Tout ce qui revient à l'être, assurément je le tiens de cette nature même de laquelle je tiens mon être...

Ainsi, l'orgueil aveugle l'homme jusque sur les conceptions indispensables au maintien de la raison humaine. Celui qui, dans l'ordre de son existence, ne se sent point dépendre, peut-il, dans l'ordre politique, dépendre d'autre chose que de son plein vouloir? Voilà cependant les idées qui planent sur l'Europe, et pénètrent aussi irrésistiblement dans les esprits que la chaleur pénètre dans les corps. Qu'une pareille métaphysique doit donner du pied avec mépris à notre échafaudage européen! Combien les radicaux de la pensée doivent nous trouver misérables! Heureusement, les faits sont ici-bas la pierre de touche des lois de l'Infini, et, sur ces faits, vont se briser ceux qui s'élèvent dans les illusions de l'orgueil.

Chose merveilleuse, le *genre humain*, par la voie de ses traditions, me tient le même langage que les faits. Il me raconte la faiblesse et l'inexpérience de mon être à porter le don sacré de l'existence et les dons tout divins que Dieu y avait attachés. La pratique elle-même m'en avertit! J'ouvre les yeux, je vois le mal au sein de l'homme, je le vois répandu sur toute la terre.

Combien il faut que la Théologie soit dans le vrai, dans le réel, que toutes les sciences et toutes les idées venant d'un point de vue formé par l'exclusion du sien, se trouvent dans la plus notoire, la plus impraticable erreur! Et vous devez maintenant le sentir; blâmer m'est odieux, mais puis-je m'empêcher de le dire?

vos systèmes panthéistes, socialistes, rationalistes, parlementaristes, suivant l'intensité de l'erreur, tous absolument tombent devant ce fait, le Mal... Le Mal, qu'il faut nous expliquer; ce n'est pas tout, le Mal dont il faut nous garantir! Et, pour vous, deux choses en même temps qu'il vous faut effacer du monde, toute la Théologie et toute la Politique, en un mot, le Passé!

X.

L'existence du mal dissipe les théories.

Vous pensiez que Dieu avait apporté sur la terre la plus puissante des doctrines, et la plus élevée, sans laisser un témoin dans les faits! Reprenez tous vos discours sur l'omnipotence absolue de la liberté; faites vos théories sur les lois de pondération politique; précipitez-vous dans les causes secondes et obstruez les passages par une intarissable érudition; allez en haut, allez en bas, je vous arrête avec un mot: le Mal! Est-il, oui ou non? Eh bien! levez-vous et expliquez-le moi! (Surtout sans insulter un des grands dons de Dieu, la liberté humaine, en disant que ce mal en est l'inévitable fruit.) Oui, dites en quoi il consiste; indiquez-en la source, l'étendue: il faut bien guérir l'homme, et d'abord, le garantir! Après, vous nous direz si ce qu'a fait sur ce point le Passé, vous semble méprisable, et si vous-mêmes, dans votre sagesse et dans vos lois, vous lui êtes si supérieurs? Le Mal, voilà bien la question: il faut la discuter ou s'y rendre. Je signale le point qui fait pâlir à la fois vos doctrines: et tout y est mis en échec.

Car, et la question s'adresse à tous : pourquoi pensez-vous qu'on puisse restreindre l'autorité des Rois, donner aux peuples une liberté illimitée, leur offrir celle des cultes, répandre sans discernement la science et la littérature, rompre les douanes, associer tous les hommes, leur faire voter leurs lois, et mettre leurs personnes et leurs biens en commun? pourquoi pensez-vous qu'ils soient désormais en état de se passer de la Foi, du Culte, de la pénitence, de tous les sacrements, y compris celui du mariage; que la raison leur suffise, et que le Christianisme, au reste, n'*en ait que pour quatre-vingts ans dans le ventre?* pourquoi, au nom de la philosophie, les investissez-vous pleinement de la liberté de conscience, de la liberté de penser, d'écrire, de parler, de tout faire [1], sinon parce que vous avez confiance absolue en la nature de l'homme? sinon parce que vous perdez de vue ce mal originel, qui le suivra jusqu'à la dernière génération? Vos doctrines, enfin, sur la liberté illimitée de l'industrie, sur le luxe, le crédit, le libre échange, les progrès indéfinis, les nationalités à faire, etc., le bagage en un mot des idées de l'époque se lie à ce même point.

Votre psychologie, au reste, justifie tout. Elle aurait enfanté l'erreur si elle n'avait pas existé.

Vous-mêmes, examinez. Déclarer la raison impersonnelle, c'est-à-dire divine, c'est la déclarer infaillible; et déclarer notre liberté pleine, c'est-à-dire intacte, c'est la déclarer dans le bien. Raison infaillible

1. On croit indiquer à peu près le programme et les vœux réunis, mais logiques entre eux, du libéralisme, du rationalisme et du socialisme.

et volonté droite, voilà au fond ce que dit la psychologie, ou la psychologie ne dit rien. Pourquoi l'expérience vient-elle la démentir; vient-elle nous montrer l'homme en proie au mal et plongé dans l'erreur? Par la pensée, je le trouve parfait, et par l'observation, je le trouve coupable! la différence est trop frappante. Voilà qui devait surprendre, qui devait empêcher de transporter dans la pratique l'homme de la théorie. Si la raison est impersonnelle, elle est infaillible, et ici je ne le nie pas. Mais je demande si l'homme a conservé cette raison, et s'il lui obéit? Je demande si une science de fantaisie peut servir d'argument à la morale, de base à la Politique? Quelque intéressante qu'elle soit en effet, la psychologie est une étude bien légère et bien vacillante à côté de la Théologie, pour en prendre le rôle et en avoir les applications. Pascal, qui en vit aussitôt le fond dans les limites de la raison et les faiblesses de notre volonté, la quitta, comme Bossuet du reste, pour revenir à la Théologie. Maine de Biran, notre plus grand esprit psychologique avec M. Cousin, fit de même. Le génie tend à la pratique.

Quoi! le mal est une conséquence inévitable de cette liberté que nous tenons de Dieu, même le mal qui détruit notre liberté? Comment font donc les Anges? On confond notre libre arbitre affaibli, c'est-à-dire la liberté atteinte et la liberté pure. Oui, de la liberté pouvait naître du mal [1], mais c'est le bien surtout qui devait en sortir.

1. Car c'est l'intensité du mal qui embarrasse : l'enfant de cette liberté ne devait pas dévorer sa mère! Le rationalisme, seule école qui ait conservé la thèse de la liberté, abandonnée par les autres,

Je pousserai la thèse au bout; sans la Chute, sans le mal originel, vos systèmes sont complétement vrais. Mais aussi, dans la Chute, ils restent complétement faux, et frappés de cette futilité étrange et fatale qui présage la fin de la pensée sur plusieurs points, et peut-être celle des temps. Il faut y réfléchir! Bien qu'obscur en ce siècle, si je proclamais vos doctrines, je ne voudrais pas laisser derrière moi un fait comme celui qui vient d'être énoncé. Hégel, non plus que vous, n'a point parlé du mal. L'aurait-on oublié? Quelle philosophie! Voudrait-on le nier? Nier n'est pas répondre.

pourra balbutier que le mal est dans la trame du monde, qu'il est un appel à l'activité, un exercice, une épreuve de la volonté. Mais le Créateur ne ménagea pas à la volonté un exercice pour l'étouffer, une épreuve pour qu'elle y meure. L'épreuve dans certaines limites, oui; mais par delà sa mesure? Entrer dans le mal et y périr, est-ce un succès, est-ce un chemin pour notre liberté? Le scandaleux, le parricide, l'adultère, le mal irréparable, apportent-ils au bien un tribut qui lui soit nécessaire? Confondrait-on avec le mal moral, la peine physique ou morale, suffisante au déploiement du caractère? Et les peuples barbares plus nombreux que les peuples civilisés? Et les méchants instincts plus forts dans nos cœurs que les bons? Et tous les codes de la terre armés, formés contre le mal?.. Avouons qu'il en existe un peu-trop! Et ne confondons point le mal, qui vient de l'homme et le déborde, avec l'obstacle, qui vient de la nature. Ne confondons pas la plus belle des notions, celle de la liberté, pouvoir de faire le bien quand on pourrait faire le mal, avec la joie universelle qu'éprouve l'homme à faire le mal quand il pourrait faire le bien. N'essayons pas non plus de fuir sur les rives de l'ontologie pour déclarer que le mal, en fin de compte, n'est qu'une privation du bien, un non-être, quelque chose de peu d'importance : car nous sentons assez que le non-être, étant néant pour l'homme, ne le rendrait point coupable. Faire le mal, au reste, c'est retourner dans ce néant par la haine de l'être.

Vous eûtes en psychologie des analyses si parfaites, que vous ne sauriez confondre le mal avec une volonté en état de l'éviter et de le vaincre. Qui sut découvrir un fétu dans notre âme, y saura voir la poutre logée en travers. Le mal moral, ou qui détruit la volonté, voilà le fait : on ne vous parle pas d'autre chose.

Il faut que, depuis leur ontologie jusqu'à leur dernière application économique, les systèmes nous expliquent le mal. Qu'elle nous l'explique, surtout, cette philosophie qui se pose dans la sagesse! On ne saurait être abusé plus longtemps par des feintes. Convenez-en, les idées qui servent de point de départ secret à votre pensée, servent aux autres de maximes ostensibles. Vous ne le voulez pas, mais toutes les conséquences et leur point de départ sont là. En haut, en bas, partout vous êtes liés. Vous n'aimez point vos disciples ; dans vos fiertés vous leur tournez le dos, mais vos idées s'embrassent... Ne croyez pas qu'un jour on fasse une exception pour vous, dans les jugements à porter sur ce siècle annulé jusqu'ici par l'erreur. Vous l'avez dit assez : Tout siècle est un.

Le malheur est que vous ne tiriez point les conséquences ; elles vous montreraient vos principes! Mais déjà votre pensée succombe sous les coups de l'expérience. Pas une tentative, une révolution, un mouvement désiré de vous qui ne vous ait fait sa blessure. Le Mal, une seule idée que lance la pratique, vous tue philosophiquement et politiquement. Et vous ne pouvez la mépriser, bien qu'elle vienne de la Théologie!.. Ne criez pas au mysticisme. Ne dites pas que l'idée du mal est trop loin pour atteindre la Politique, ou niez l'ordre moral et toute son économie. Niez que les mœurs décident des lois, et les croyances, des idées et des mœurs; niez le cercle entier de la pensée et de la liberté humaine! Si vous criez au mysticisme, vous avouez que vous vous jugez dans l'erreur [1].

1. *Impius cum in profundum.... contemnit!* On peut dire aujour-

Tout à l'heure, quand pour éclairer le fait politique, nous remontions dans l'âme, dans la Théologie, je l'avoue, c'était le prendre d'un peu haut. Et cependant! sans partir du principe, comment pénétrer dans les conséquences?

XI.

La Politique est née du mal.

Voici le fait : il y eut une Chute, il y a le mal, il est au sein de l'homme, il faut le préserver des suites, et lui rendre le bien ainsi que la vérité perdue. Il faut, à l'aide du secours divin, que l'homme remonte à l'état de justice et d'innocence, où il avait été placé, enfin à l'état de vertu et de charité, qu'il aurait dû primitivement atteindre. C'est là tout ce qui se passe sur la terre. Saisir l'idée du mal, c'est saisir la vraie clef, c'est toucher le grand point : et l'on ne peut sortir de ce point sans tomber dans l'abîme.

(En métaphysique, remplaçons l'idée de l'Infini par l'idée du Développement, comme les Allemands l'ont osé faire; en politique, l'idée d'une Autorité venue de Dieu, par l'idée du progrès continu, comme on l'a fait chez nous, et nous passons, au premier cas, hors de la raison, au second cas, hors de l'expérience! Mais déjà nous sommes si avant sur ces voies que nous ne distinguons plus notre point de départ; nous ne

d'hui : il crie au mysticisme! L'un prétend la chose *mystique*, et l'autre, *renouvelée* du moyen âge. La Révolution qui nous dévore, le socialisme qui nous atteint, arrivent-ils du moyen âge?

voyons plus les vérités que nous fuyons. Remontez à la source de votre érudition, de vos doctrines en histoire, en économique, en politique humanitaire, vous trouverez ceci : d'abord la négation du mal inhérent à l'homme, comme effet d'une chute, ensuite l'affirmation de son indépendance absolue. Le niez-vous? Déclarez alors que vous n'excluez point le mal originel, aussitôt je me tais, vous-mêmes vous tirerez les conséquences. Vous ne le ferez pas. Vous n'avez point le droit dès lors de condamner les tentatives métaphysiques de l'Allemagne pour donner à l'homme au sein de l'Être, pas plus que les tentatives du socialisme en France pour lui donner au sein des faits, une position analogue à celle que la Révolution croit lui avoir assurée, en l'arrachant au point de vue de l'Église. Un peu de fierté, et déclarez que l'homme dépend de Dieu pour la conservation, la réparation et la perfection de son être, ou avouez les conclusions du livre *De la Justice dans l'Humanité!* Il n'y a pas d'autre issue, il faut être ou catholique ou socialiste, croire que l'homme dépend de Dieu, ou croire qu'il en est indépendant, sous peine de ne présenter qu'un lambeau, de n'avoir qu'un fragment de logique. Reprenez vos systèmes, et quels qu'ils soient, ils ne font que résoudre directement ou indirectement cette question, qu'ils ne peuvent écarter, et dont ils ne peuvent sortir : L'HOMME SE DÉVELOPPE DE LUI-MÊME, ET SANS AVOIR SUBI DE CHUTE. Votre science est toute là : et vous l'avez dans le creux de la main. Or, comme L'HOMME NE SE DÉVELOPPE PAS DE LUI-MÊME, ce que nous démontre la Grâce [1], et QU'IL A SUBI UNE CHUTE, ce que nous apprend

1. Philosophiquement, l'absence du développement spontané en

le plus ancien livre du monde, l'erreur que vous accumulez vous paraît-elle maintenant suffisante?.. Enchantés des merveilles qu'en politique, elle présentait à vos désirs, vous courûtes saisir, par une Révolution facile, les uns les profits du Pouvoir, les autres ceux de la popularité. *La France en* 1830 semblait entraînée sur vos pas. Mais les désirs des masses, soulevées pour vous exhausser, ne furent point rassasiés en même temps que les vôtres. Et dix-huit ans plus tard, le jour où la foule, montrant plus de logique que ses maîtres, réclama la totalité des droits innés de l'homme, de l'homme non déchu, qu'avez-vous dit? Il a fallu se taire; il a fallu attendre qu'un fait en dehors de toutes vos prévisions, de toutes vos idées, vînt vous rendre à la vie, à vos biens, et par la voie que vous aviez le plus méprisée! Vous avez tout ébranlé; mais vous n'avez pas ébranlé le point sur lequel roule le monde, sur lequel toute pratique est assise, qui embrasse, qui explique tout chez les hommes, depuis les châtiments jusqu'à la charité. Le Mal, enfin, qu'on oubliait, s'est trouvé là. Et c'est la pierre contre laquelle tout système ira se briser...)

Je reprends!

Il y eut une Chute, il y a le mal, il est dans l'homme, il l'éloigne du bien et de la vérité pure: il y eut un Rédempteur, il y a l'Église, elle rend à l'homme la vérité et la Vie, pendant qu'il est abrité, dans la justice et dans la paix, par une autorité également venue de Dieu. C'est par groupe que ces vérités se recueillent. Combien c'est simple et beau, que le plus

l'homme est un fait historique dont l'évidence contrastant avec les vertus élevées du chrétien, révèle le fait caché de la Grâce.

simple enfant et les plus beaux génies saisissent cette logique! si beau, si simple, que tout ce qui marche atteint d'erreur, ou pris d'envie, se hâte de la fuir...

Mais voici votre point retrouvé (car le vrai même nous trompe dès que nous l'abordons par l'orgueil) : l'ordre politique n'eût pas existé sans la Chute ; sur la terre, les hommes se fussent entendus et unis pour le bien, comme les anges dans le Ciel. Le garde-fou eût été inutile, au moins dans sa partie répressive ; et, sans doute, les pasteurs des peuples en eussent aussi guidé les âmes. Cette vérité, qui se perd dans le sentiment que nous avons de l'idéal, et que Rousseau prit pour celui d'un état de perfection auquel la Société s'était substituée, vous fit conclure à une diminution graduelle de l'Autorité correspondant au développement continu de l'homme, comme elle fit soutenir à vos disciples, déjà plus loin du bon sens, l'abolition de cette Autorité même, la suppression des codes, la communauté angélique des biens, l'absence totale de gouvernement, en un mot l'An-archie. A mesure en effet que la loi morale s'étend sur les consciences, l'Autorité restreint son action sur nous.

Mais le fait n'a point lieu par la loi d'un progrès continu, semblable à celle qui conduit la nature dans l'échelle de la série animale [1]. Il n'est pas un résultat inévitable du temps ; l'homme est le fruit de ses œu-

1. Si le progrès était réellement la loi de notre histoire, où serait la liberté, où serait le mérite ? Ce n'est pas l'idée du progrès, mais l'idée de la décadence qui est universelle dans l'antiquité, remarque si judicieusement M. Coquille. Il n'y est question que de l'âge d'or ; on y rappelle constamment les anciens, on ne cite que les vertus des ancêtres.

vres. L'histoire, au reste, le déclare. L'Église seule amène ce progrès, parce que seule elle tient de la vérité le sceptre des consciences, aussi bien que le pouvoir d'administrer aux âmes les secours de l'Infini. C'est le contraire de la proposition de Rousseau qu'il faut prendre : l'homme *naît méchant*, et la Société le répare. Ou plutôt, il naît dans le mal, la Société le recueille, et c'est l'Église qui le répare. Voilà la doctrine, et voilà le fait. Il faut avouer une fois, il faut proclamer enfin la position, le rôle véritable des Sociétés humaines ! Et si la Politique veut être une science, qu'elle sache son origine ; qu'elle connaisse son principe et comprenne sa légitimité !

XII.

La Loi politique.

Qu'est donc la Loi politique ? D'un bout à l'autre le bien armé, le droit que l'on rétablit, la morale fortifiée, la Société garantie à l'homme malgré le mal, malgré l'égoïsme, malgré ses vices, hélas ! et la méchanceté de son cœur. [1] La Société n'est rien de moins. Elle est mère et non fille de l'homme. Jamais elle ne fut faite pour obéir à ses caprices, céder à son orgueil ou descendre dans ses passions. Le bien armé ! la Politique, hélas ! introduit parmi nous la force, parce que la liberté y introduit le mal. Ou plutôt, le mal

1. Dans sa 4e Conférence, à Notre-Dame, en 1850, le T. R. P. Félix fit, à l'auteur de cette Politique, l'honneur d'en citer ce passage en Chaire. — Voir l'*Univers* du 9 avril 1850. — (NOTE des Éditeurs.)

exige l'emploi de la force, et de là l'ordre politique.

Le bien armé! c'est là notre humiliation. Et cependant, quelque libre que devienne notre âme, quelque noble qu'en soit la nature, ne faisons point mépris de la force : nous lui devons la Société. Chez les êtres libres, la force introduit l'ordre, elle fait rentrer la justice et la paix, afin qu'il y ait des êtres libres! Ils ne le sont point partout où elle ne les a pas recueillis et placés au sein de la justice et de la paix. Il faut bien que la force protége le droit; qu'elle protége la justice, la vérité, l'innocence, tout ce qu'il y a de pur, de sacré sur la terre. Vous-mêmes, qui voudriez qu'elle en fût bannie, vous n'existeriez point sans la force. Elle est réellement une force morale, celle qui oblige les hommes à devenir des êtres moraux; celle qui rend leurs consciences libres, leurs volontés et leurs actes libres, dans le bien, dans le vrai, dans tout ce qui se rapporte au développement de leur noble nature; elle est réellement une force morale, celle qui ôte l'obstacle devant la conscience et rend à l'homme la liberté!.[1] Certes! la force n'a pas la vertu de changer les cœurs, mais elle a celle de les soustraire à la discorde; aussi ne doit-elle plus intervenir chez ceux que la vertu rend libres. Mais la perte des idées chrétiennes nous dérobe les choses les plus simples; ou la force, chez nous, vient dépasser le but, ou nous désirons la bannir.

Le bien armé! là est notre humiliation; là est aussi

1. Parmi des êtres libres, pourquoi est-ce la force qui a la Souveraineté? Voilà qui devait vous surprendre! Vos théories ne donnent aucun fait...

tout l'ordre politique, le rempart de l'Ordre moral. Toutefois, le bien armé n'est pas le bien; et le soutien de l'ordre moral n'en est pas plus le souverain que le gendarme n'est le maître de celui qu'il délivra des assassins. Soyons humiliés si la justice prend un glaive pour *pénétrer parmi les hommes, humiliés de rencontrer* la force au milieu des êtres moraux : fait inouï, fait odieux s'il n'était justifié par ce fait malheureux que l'on nomme le mal; cependant, félicitons-nous si cette force reste au pouvoir de la justice, si l'arme détestée ne passe pas des mains du droit dans celles de la tyrannie, destructrice des droits; si la force, en un mot, est la force du droit et non le droit de la force...

Car la force n'est point le droit. Ici, nous voulions uniquement remarquer cette incomparable misère, que notre droit ne puisse régner sans la force. Le droit certes! est le but; mais n'ayons pas l'illusion de croire qu'il doive s'affranchir du moyen et puisse un jour se passer de la force. Les vœux, les rêves et les révolutions ne la détruiront pas; la vertu seule, en multipliant la justice et la paix, a le pouvoir de restreindre l'office des gouvernements et le triste emploi de la force. Mettons aujourd'hui notre espoir à ce qu'elle soit avec et non contre le droit. Voilà pourquoi l'instrument redoutable ne doit être que dans les mains de celui qui est légitime, c'est-à-dire, conforme à la loi, à Dieu qui nous le donne pour qu'il soit selon lui, et pour que ni le Roi *ni le peuple ne puisse confondre la force* avec le droit.

La force politique établit donc au sein de la justice, des hommes qui d'eux-mêmes ne l'accompliraient pas;

pendant ce temps, la Société se forme parmi eux. Ici le méchant ne pourra s'emparer de la femme de son prochain, ni de son champ, ni de son bœuf, QU'IL DÉSIRE... L'homme de bien partout circule, dans cette voie merveilleuse, où le méchant se voit cloué à tous les pas par les précautions de la force... Cette force si souvent maudite, arrête l'anthropophagie, suspend le meurtre et l'infanticide, met un frein aux plus cruelles injustices, calme insensiblement les haines, rend libres les consciences, les volontés, la vérité, le bien et l'innocence; prépare la place au droit, au mérite, à la vertu, à la bonté, puis à la charité, à laquelle les hommes peuvent dès-lors paisiblement obéir; cette force en un mot leur assure tous les biens de la terre lorsque Dieu l'a placée entre les mains d'un Roi, « *Donne-leur un Roi*, dit le prophète, *afin qu'ils sachent qu'ils sont des hommes.* » Car son Autorité n'est que le droit qui prend force; ou, si l'on veut, qui prend la force pour qu'elle soit, non du côté du mal, mais du côté du bien. Et la force déposée dans les mains du Droit s'appelle l'Autorité. Voilà pourquoi l'Autorité est souveraine : le Ciel veut qu'elle soit au-dessus de tout homme, alors qu'elle lui rend un service au-dessus de tout.

Quelle est cette parole que j'entendis en mon enfance : *les Rois s'en vont!* et qu'un chansonnier redisait aux foules dans son refrain : *Faites l'aumône au dernier de nos Rois?* S'il existe une aumône, c'est celle de la justice, celle de la sûreté et de la paix, faite par la main des Rois à cette humanité que, hors de la Grâce ou de l'Autorité, vous voyez depuis six mille ans *assise à l'ombre de la mort*. Et si les Rois s'en vont, alors les peuples les suivent[1]...

XIII.

Dieu confie la politique aux Rois.

L'ordre politique ne dérive donc point de l'ordre primitif de la Création, mais des impérieuses nécessités de notre nature déchue. Il n'y a d'absolu au fond du pouvoir qu'il exerce que sa nécessité pour nous, et l'obligation où il est de conserver l'autorité suffisante à ses nobles fins. Mais d'une semblable situation va naître cette multitude de droits et de faits légitimes, bien qu'inexplicables aux yeux de la philosophie pure, de la théorie puérile qui sert de point de départ et de principe à la Révolution.

Le pouvoir des Rois est issu de la Chute; l'Écriture les nomme, dans sa précision magnifique, *les ministres de Dieu* POUR LE BIEN. Les races qui ont maintenu le ministère de ce bien ont été, avant toutes, aimées et protégées de Dieu; il les a portées dans ses bras par-dessus les périls et les siècles. Sondant les cœurs et les reins, il leur verse avec abondance les trésors de la vie et de l'intelligence; et le temps nous fait compter les anneaux d'une légitimité ainsi fondée au Ciel et consacrée par Dieu. Lorsque le comte de Maistre releva

1. J'ai toujours en tête un professeur qui voulait m'enseigner l'histoire. « Jusqu'ici, me dit-il à sa première leçon, on n'a fait que l'his« toire des rois : il faut faire celle des peuples. » J'attendais tous les jours cette *histoire*; je devais croire que les peuples avaient fait quelque chose d'eux-mêmes et sans les Rois !

cette expression de l'Écriture : *C'est moi qui fais les Rois*, il ne manqua pas d'ajouter : « Ceci n'est point une métaphore, mais une loi du monde politique. Dieu *fait* les Rois, au pied de la lettre. Il prépare les races royales; il les mûrit au milieu d'un nuage qui cache leur origine. Elles paraissent ainsi couronnées de gloire et d'honneur. »

Si nous avions vu les nations d'abord exister par elles-mêmes, ensuite prendre des Princes par une sorte de luxe, et comme les villes se choisissent un maire, nous croirions à la réalité du point de vue offert par le siècle dernier. Mais l'histoire nous montre au contraire des Familles princières formant la clef de voûte et même quelquefois le germe des nations; puis ces nations se déployant corrélativement à ces Familles centrales, toujours en proportion de leur grandeur, de leur génie, de leur sentiment de la justice et des destinées définitives de l'homme. La Russie, par exemple, ne vint sur la scène du monde qu'avec les Romanow.

Certainement, entre ces Familles principales et leurs peuples, il a dû s'établir des échanges de diverses natures; ceux-ci présentaient leurs coutumes, leurs droits acquis, celles-là inspiraient leurs sentiments à la noblesse, d'où ils se versaient dans le cœur de ces peuples, car Dieu sut tout proportionner. Néanmoins, on a dû remarquer qu'en fait de hautes qualités morales, politiques et religieuses, les peuples reçurent infiniment plus de ces grandes Familles, que celles-ci n'acceptèrent d'eux : à tel point qu'on voit encore chez ces Familles, quelle qu'en soit la situation aujourd'hui, des vertus et des aspirations qui sont loin d'être absorbées par leurs peuples. Dans les derniers temps, les filles de nos Rois étaient des Saintes, et leurs petits-fils des héros.

Quand celui qui *sonde les cœurs et les reins* choisit une Famille parmi toutes les autres, son choix est réel et divin. Celle-ci le prouve bientôt (quoique la liberté lui reste pour recueillir ou dissiper ses dons) en fournissant plus de législateurs, de guerriers et de saints, que les familles les plus nobles, bien qu'en ce point celles-ci l'emportent déjà sur les autres dans une proportion prodigieuse [1]. Elle le prouve en fournissant au sein des prospérités continuelles une carrière qui dépasse également celle des familles chez lesquelles la frugalité et la paix réunissent les conditions de la longévité. Elles subsistent depuis huit siècles, ces puissantes Familles de Bourbon et de Hapsbourg; depuis huit siècles, elles demeurent plongées dans ce bain dissolvant des prospérités, qui a ramolli tant de cœurs et tari tant de sang, pour montrer ce que sont *les cœurs et les reins* chez les hommes à qui Dieu a voulu confier les nations! Comme l'exprime un grand écrivain, les arguments ne feraient pas défaut pour démontrer que la royauté élective doit mettre à la tête des nations les hommes les meilleurs; que, de la sorte, n'abandonnant rien au hasard, celles-ci marcheraient dans l'ère des prospérités : et cependant l'expérience est accablante.

Les hommes ne restent surpris de ce fait que parce qu'ils ne jettent pas les yeux assez haut; dans l'hérédité, Dieu lui-même se charge de nous donner le souverain... Ne croyons pas que les apparences nous trompent beau-

1. Voir, sous ce point de vue, le Bréviaire romain, qui renferme du reste les noms des saints canonisés les plus connus...

coup plus en politique que sur tout autre point. Certainement les hommes superficiels ne cesseront de dire : « La monarchie héréditaire est une chose absurde, « l'élection est évidemment supérieure ; le talent de « gouverner ne se transmet point comme un champ ; le « système qui doit toujours porter le plus digne au « Trône l'emporte raisonnablement sur celui qui peut « y placer un Néron. Qu'est-ce que le mérite a de « commun avec la naissance? Dès lors comment as« seoir une nation sur l'hérédité, ainsi que l'a voulu « l'histoire? » — Ce qu'elle a voulu est bien simple : par l'élection, ce sont les hommes qui choisissent; et par l'hérédité, C'EST DIEU QU'ON A CHARGÉ DU CHOIX.

Ce fait coupe court à l'erreur de ceux qui croient la Théocratie seule légitime en ce monde, parce que le Pape seul y étant infaillible, les hommes, pour obéir à des lois légitimes, devraient évidemment les tenir de celui qui par lui-même est conforme à la loi. Mais ils oublient que l'Infaillibilité du Saint-Père dans la discipline et la Foi, ne se rapporte qu'au Gouvernement de l'Église. Enfin, ils aperçoivent là, et sans trop s'écarter du noble instinct qui les dirige, que, à côté du fait de l'Infaillibilité, se place un autre fait divin, comme le veut leur âme élevée; le fait désigné, dans la langue chrétienne, sous le nom de *Puissance de seconde Majesté*, fait réservé dans la distinction aussi soigneusement établie, au reste, par le Sauveur [1] que par l'histoire. L'ordre temporel ne fut pas déshérité plus que l'autre : l'homme entre bien dans tous les deux...

1. Jésus-Christ ne voulut point fonder une Théocratie, puisqu'il n'a pas imposé de code politique!

Les hommes, étant libres, ne peuvent légitimement obéir qu'à Dieu; il faut dès lors que le Pouvoir qui leur commande possède un Droit divin. La Providence veut sa part dans les choses humaines, elle veut former les Rois justes et sages, les donner aux peuples qui les ont mérités. Et l'histoire s'unit à la thèse première de la Théologie pour rejeter le point de vue mis en avant par le siècle dernier, dans son ignorance des origines, dans son ignorance de la destinée sublime de l'homme.

XIV.

La position réelle de l'ordre politique.

Revenons à la pensée fondamentale. L'ordre politique ne dérive point de l'ordre primitif; il n'y a d'absolu dans le pouvoir qu'il exerce que sa nécessité pour nous; et si les hommes voulaient rentrer suffisamment dans la justice, on verrait l'ordre politique se retirer dans une même proportion. Aussi bien, est-ce la marche de l'histoire. Sur toute la terre, le pouvoir des gouvernements est en raison inverse de celui de la vertu... Telle est la conclusion pratique, infiniment précieuse, infiniment morale et pleine de consolations, qui résulte d'abord du fait que nous venons de rétablir.

De cette position de la Société humaine, découle ensuite, comme nous le disions tout à l'heure, la légitimité de cette série de situations qui semblent fausses, de faits sociaux qui paraissent injustes et ne cessent de réveiller l'étonnement des philosophes de second ordre ou l'éloquence des faibles penseurs. Hors du point de vue de la Chute, comment expliquer en effet la Pénalité, nécessitée par l'homme qui reste dans le mal? puis l'Inégalité, fruit des divers degrés par où les âmes remontent dans le bien? puis la Propriété, conservation du capital non consommé, refusé à la jouissance? puis toutes les Aristocraties, zones suivant lesquelles une population s'élève successivement dans les voies de l'épargne, de la justice, de l'honneur, de la charité et de la Sainteté? enfin l'Autorité, qui protége les phases de cette végétation d'un peuple et de ses droits acquis, au sein d'une même unité nationale? Oui, comment cette inégalité radicale serait-elle l'équité? et comment serait-elle aussi ancienne que le monde? Comment, hors de la Chute, s'expliqueraient de tels faits, et comment se trouveraient-ils les colonnes mêmes de la Société?... On le voit, les faits qui produisent l'étonnement des esprits venus de l'idéal, c'est-à-dire du droit pur, tel qu'il eût été sans la Chute, ne trouvent leur explication et n'offrent celle de l'histoire, que dans le point de vue sur lequel nous avons désiré attirer enfin l'attention.

La Société humaine, telle que nous l'avons, est issue de la Chute. De là son éternelle imperfection; de là celle de nos libertés, de nos droits, de nos lois et de l'Autorité elle-même!

L'ordre politique, encore une fois, ne tire point son origine de l'ordre absolu, de l'ordre primitif et parfait, mais du besoin où sont les hommes, par le fait de la Chute, de recevoir la justice et la paix, qu'ils n'apportent plus avec eux. Les Rois nous RENDENT la justice, suivant l'expression, volontaire ou involontaire, de nos langues. — La Politique n'a-t-elle jamais abusé de ce rôle? — Souvent elle en abusa chez les peuples modernes, bien plus souvent, si vous le voulez, chez les autres; mais quel que soit le nombre de ces abus, elle en empêcha, chez tous, un nombre incommensurablement plus grand. Sans le Pouvoir, l'abus lui-même eût disparu au milieu de l'abus, comme la goutte d'eau en tombant dans la mer, et l'homme n'eût pas existé. Il faut songer, d'ailleurs, qu'une pareille chute de notre liberté morale n'a pu s'accomplir sans entamer le système de notre liberté civile, ni sans laisser de funestes traces sur celui de notre liberté politique. Un être renversé de l'état surnaturel de justice et d'innocence, doit s'attendre à des inconvénients. Il ne saurait croire qu'il peut tout retrouver dans un ordre qui, déjà, l'empêche de rouler jusqu'au fond de cet état de *nature*, où la loi des brutes, où la loi du plus fort s'emparerait de lui [1].

Exiger aujourd'hui une perfection qui ne se retrouve que dans la pensée, c'est ne plus se souvenir de l'homme. Le monde est ancien; eh bien! qu'a-t-il su faire à tout cela? Contentons-nous loyalement du possible; puisons nos jugements dans notre conscience. Quand on échappe successivement à la mort, à l'état sauvage, à la barbarie, à l'esclavage, à l'ignorance, au despotisme, et que, toujours, dans l'état d'égoïsme où nous sommes, on trouve la Civilisation, le bon sens peut en bénir Dieu! Mais nous ne le remercions ni

1. « Tout ce que vous nous avez fait, Seigneur, vous l'avez fait très-justement, car nous avons péché contre vous; mais traitez-nous selon la grandeur de votre miséricorde. » — *Introït* du IXe dim. après la Pentecôte.

de notre être, ni de la Grâce : comment le remercierions-nous de la Société ?

Entrons une fois dans ces vérités, et nous verrons sous un autre jour les Sociétés humaines, les pouvoirs qui les soutiennent et l'ineffable mission de l'Église ; nous prendrons une idée tout autre des difficultés qu'ils rencontrent, de l'éminence du but atteint, du service incomparable qu'ils nous rendent, et, peut-être, ainsi que l'ont fait de plus grands, viendrons-nous baiser la main sacrée que notre orgueil et nos efforts secrets tendaient à écarter. Voilà les données véritables, l'horizon dans lequel doit entrer l'esprit, s'il veut observer les choses réelles. On a tenté de la politique expérimentale [1], de la politique rationnelle [2], voilà de la Politique réelle [3].

Mais nous ne sommes pas tout-à-fait en haut... Nous avons touché à la Chute, au premier des faits historiques, à celui d'où les autres dérivent ; arrivons jusqu'à l'Être, où se trouve la raison première des faits, en histoire comme en politique. L'homme est la cléf de la politique, et l'Être, la clef de l'homme. La question du moins sera vidée philosophiquement.

1. Tirée des lois de l'animal...
2. Tirée des Droits de l'homme...
3. Toute, comme on le voit, dans les faits.

XV.

Ontologie de la politique.

Connaissons l'homme et son histoire ; pour cela remontons vers Dieu.

L'homme est le fils de l'Être, l'homme est créé pour l'Infini, il ne peut point ne pas sentir s'agiter en son sein l'esprit de l'Infini, l'homme tend à la vie absolue. L'Orgueil est ce mouvement intempestif à l'asséité, ce mouvement pris en sens inverse de notre existence toute subordonnée, toute conditionnelle ; c'est un retour vers le néant. Il est vrai, l'Infini seul devait posséder l'être : et le Moi, cette ineffable tentative de la bonté de Dieu, va passer par les inconvénients du fini, traverser les difficultés de l'être, la formation de la personne, la sanctification qui l'approche de Dieu, entrer enfin dans l'épreuve de la séparation momentanée de l'être et de la félicité. Car la Félicité est le mode éternel de l'Être, comme l'Infini, dont elle est le fruit éternel.....

Que l'homme donc ait ressenti le mouvement de l'être à la vie absolue [1], on le conçoit : mais qu'il n'en ait pas ressenti l'absurdité hors de Dieu, l'ingratitude seule l'explique. L'orgueil et l'amour opèrent tous deux le mouvement, mais par tendances opposées, l'un dans le moi, et l'autre en Dieu ; celui-ci par la loi même de

1. L'Infini a cette vie par lui-même, par l'amour, qui le rend un et fait de tout son Être comme un don infini... Le fini la reçoit, puisqu'il est le fini. Car l'Infini est par lui-même, et le fini non par lui-même : méprise éternelle de l'orgueil !

l'Infini, qui est de se donner; l'autre par la propension du moi, qui voudrait même absorber l'Infini. Au lieu de suivre le mouvement divin, le moi retourne en lui-même. L'orgueil est la faiblesse et la chute. Hélas! l'erreur du moi, est de n'être pas l'Infini.. et son crime, de lui refuser sa reconnaissance.....

L'être, en lui, l'éblouit et l'abuse; ingrat, il écoute l'aveugle instinct de la substance; il prétend se suffire, il tend à se séparer de sa source, il veut ne rien devoir et devenir indépendant. Rompant avec Dieu, qui lui demande de conserver l'humilité, de tenir ouvert ce canal du consentement par lequel il reçoit avec mérite l'existence, il brise sa racine dans l'être, rend divinement impossibles sa croissance et sa perfection. L'humilité est la plus grande preuve de sens que puisse donner l'être créé, ce que nous nommerions sa plus haute métaphysique. Le vice de notre être est de s'exalter dans sa force, au lieu de courir vers ses limites et de voir sa faiblesse infinie. L'orgueil est notre débilité, et l'humilité notre force.....

L'égoïsme est assurément ce qu'il y a de plus naturel, mais de plus honteux pour le moi. Il ne veut, il ne voit que son être; il s'enfonce, il s'écrase en lui-même, il emploie son effort à repousser le mouvement d'Amour qui le soulève vers l'existence éternelle : il ne donne que des signes de néant. Il est créé, mais il en reste là; il se ferme sur lui et se laisse attirer par l'abîme. Il se ressent des ténèbres d'où il vient, et non de la lumière où il entre : il refuse de connaître et d'aimer. Son être ne lui sert point à concevoir l'Être, à voir la merveille qu'il a reçue, à laquelle il assiste; « *Non serviam!* »

Il parle comme le néant : Je ne connaîtrai point et je n'aimerai point ! L'Orgueil est la différence entre notre petitesse et Dieu[1].....

Aimer est un commencement de Dieu, c'est entrer dans l'acte même de l'Infini... L'homme voulut donc posséder l'Infini sans l'atteindre, sans l'obtenir; son cœur se refuse à aimer, il désire violer la Divinité, *être lui-même comme la Trinité :* SICUT DII !! Tel fut le crime commis en toute connaissance par Adam, le crime dans lequel s'est arrêtée l'essence humaine en son épreuve, où elle s'arrête encore tous les jours; le crime qui se répète, complet, en chacun de ses fils, comme l'objet dans les fragments de la glace brisée. L'homme en est là, c'est la portée du moi, du fini dans lequel l'a fermé son orgueil. Nous n'avons plus l'élan; il faut un secours nouveau de l'Infini pour en atteindre la rive. Au lieu de se donner, comme l'Infini, notre moi aussi désire être le centre et tout ravir; il le veut, il s'obstine, il s'exalte, il entre dans une fureur qui parmi nous ne s'arrête qu'au crime. Un amour qui rebrousse, qui revient sur lui-même, précipite le moi, en accroît le néant, l'Orgueil enfin, tel est l'homme : et tel le montre l'expérience universelle.....

On parle des abîmes du cœur : eh bien! le fond est là. L'ORGUEIL, — masqué par l'éducation, retenu par l'honneur, contenu par les lois, et combattu par le libre arbitre animé de la Grâce, — VOILA L'HOMME !... Ses

1. C'est dans l'amour que l'homme est plus petit que Dieu... Cette histoire de l'homme s'accomplit tous les jours dans le sein de l'âme rebelle. Celui qui agit par philosophie, par protestantisme, par les égoïsmes divers, accomplit exactement le même fait dans le cercle étroit de son cœur.

vœux, ses désirs, ses passions, ses penchants, sa haine, ses fureurs, ses vengeances, les difficultés inouïes que son éducation rencontre, que la Société vient neutraliser ou vaincre, ne sont que les soupirs et les éclats de cet antique et toujours jeune Orgueil. Le travail, la peine, la douleur, ce monde, enfin, en est le traitement[1]. L'amour-propre, l'égoïsme et l'envie en sont les démembrements, ou plutôt les degrés divers; et l'étendue de cet orgueil en l'homme établit sa distance de Dieu. L'homme voudrait absorber tout ce qui l'environne, ses semblables, la Société entière, comme Adam voulut absorber l'Infini. Voilà ce qu'aucune utopie ne saurait empêcher.

C'est tout à fait ici la dernière racine; mais c'est celle qu'il faut tenir! En morale ou en politique, ne pesons plus l'homme sans l'orgueil. La raison en est bonne, puisqu'il faudrait lui ôter l'être pour lui ôter l'orgueil! Comprenons que, pour l'étouffer, il faudrait étouffer son cœur; que la Grâce peut seule, par une action renouvelée, substituer en lui le pur mouvement de l'Infini, la justice et l'amour, à ce mouvement de retour sur soi, signe de sa débilité, de sa méchanceté. Un seul être ici-bas triomphe de l'orgueil, et c'est le saint. Sans la Grâce, dès lors, qui neutralise le mouvement aveugle de la nature et la ramène à Dieu, et sans

1. Ceux qui promettent le bonheur aux peuples par des voies politiques, partagent la naïveté de ceux qui veulent les dispenser du travail et de la douleur, institués après la Chute pour relever notre volonté expirante, tout en lui apportant ses freins. Les choses les plus admirablement appropriées à l'homme pour l'élever, la Foi, l'Autorité, le Travail et la Pénitence, tous ses leviers devaient disparaître à la fois!...

l'Autorité, qui force l'homme à l'enfermer comme il peut dans le moi, l'orgueil détruirait le monde[1]. Tel est l'indubitable fait sur lequel il faut se baser, le fait d'où part la Politique universelle. Jamais on ne pourra suspendre en l'homme le mouvement de l'être à la vie absolue; jamais, par des systèmes, des rêves politiques, on ne le pourra transformer en justice, en amour pur.

Et c'est là, si l'on veut en croire les faits, la Foi, l'ontologie la plus profonde, qu'il faut étudier notre situation. Le reste est phénoménique et transitoire.

Et quoique puisé haut, l'enseignement en est plus pratique et plus lumineux, que les plus riches thèses humanitaires, les politiques et les histoires étudiées. On ne se défera point de l'orgueil, ni, conséquemment, du Pouvoir. Reconnaissons notre nature. Philosophes, ne prenons pas pour de la grandeur les instincts grossiers de notre être; ne nous laissons plus aveugler par *l'orgueil de la vie*. L'homme se peut tromper d'une manière terrible. Ah! qu'il serait à plaindre si rien n'était venu l'avertir; si, comme le navire que pousse un vent de côte, il avançait dans l'Océan de sa sottise sans le savoir! Pour nous, placés au centre éblouissant de la Foi, recevant tout d'une main comme celle de l'Église, restons du moins hommes d'esprit! Comprenons que le mouvement qui se fit sentir la première fois dans notre être s'y fait sentir aujourd'hui; que l'homme veut partout la domination, qu'il voudrait dérober ce que possède la Société, comme il voulut, au premier jour,

1. Et sans la vérité, l'orgueil usurperait tous les noms, même celui de la vertu, comme chez les Anciens et les faux philosophes, où il en était le mobile.

dérober Dieu; que, dans cette voie, il n'est pas de système absurde qui ne lui semble éclatant de lumière; qu'à l'instant où les barrières se briseraient, il se précipiterait sur les biens qu'il ne produisit point, mais pour lesquels il se reconnaîtrait des droits imprescriptibles! qu'en un mot le Pouvoir, devant lui, est comme l'ange au glaive de feu placé aux portes du paradis terrestre... Plus de politique hors de l'homme : soyons théologiens, si nous désirons le conduire.

XVI.

Comment la Politique peut aboutir au despotisme.

Dès lors, si l'action du Pouvoir politique peut naturellement s'affaiblir, c'est lorsque notre orgueil s'affaiblit par les effets du Christianisme. Mais si l'action politique peut être atténuée partout où les hommes obéissent et font d'eux-mêmes le bien, elle doit être multipliée partout où ils veulent le mal. Le fait est clair. Que le nombre de ceux que ne règle point la loi morale aille croissant, et l'Autorité s'élève à toute sa puissance. C'est ce que les hommes appellent le despotisme, bien qu'il ne soit jamais permis. Comme le despotisme est une substitution de la volonté à la loi, il serait d'autant plus urgent alors de l'écarter et d'appliquer exclusivement cette loi, que les hommes veulent s'en éloigner. Le souverain doit être d'autant moins despote qu'il devient plus nécessaire de mettre en œuvre toute l'Autorité, qui est la justice armée, le bien fortifié et rétabli.

Au contraire, que les gens de bien se multiplient, qu'ils obtiennent parmi nous plus d'empire; que les aristocraties s'étendent, que la justice et la paix descendent plus avant dans les masses, et l'Autorité peut détendre les rênes. Lorsqu'elle est dans la nécessité de s'immiscer partout, il faut s'attendre à sentir de plus près le poids de sa vigilance et de son attention. Ceci est l'évidence; quand le nombre de ceux qui d'eux-mêmes concourent à la Société diminue, quand les aristocraties morales et politiques s'en vont, il faut que le Pouvoir se rapproche, se multiplie en raison de l'absence de l'unité et des mœurs. Mal qu'on ne réprime pas aisément, car c'est l'arbre qui se couronne. La *centralisation* n'est *point* un fait à notre honneur; elle se substitue à ce qu'on a perdu. Elle nous fait vivement craindre qu'il *n'y* ait plus parmi nous que les aristocraties morales; et que ces aristocraties, hélas! sans corps et sans lien, *n'agissent* sur les peuples que d'une manière individuelle, dès-lors, que toute action sociale ne vienne du Pouvoir. Les vices et les folies du siècle dernier, entretenus par les entêtements du nôtre, nous mènent à grands pas vers cette situation extrême, si exposée au despotisme.

Craignez que la liberté n'aille en diminuant parmi nous, et l'administration en augmentant; que toute notre liberté ne soit peu à peu changée en ce socialisme déguisé. Au lieu de marquer de plus en plus son empreinte dans sa famille, dans son champ, dans sa cité, dans sa province, l'homme se perd dans un droit vague et impersonnel, comme la goutte d'eau dans la mer. Fatale illusion, et que personne ne songe à dissiper, sous prétexte d'investir l'homme de droits politiques immenses, mais qui ne lui servent à rien, on lui ravit ses droits publics, on lui ravit ses droits privés! Sa liberté disparaît hélas! à mesure que l'orgueil rentre en lui, y paralyse ses développements intérieurs et le ramène dans les conditions de cette civilisation antique, qui déjà tend en Europe à étouffer la Civilisation moderne. Pour conjurer ce malheur, il faudrait que la Révolution fût tout-à-coup paralysée par un événement immense, suivi d'un retour vers la Foi... Or l'administration absolue, comme dans les provinces conquises, devient la forme des États. Tel est l'expédient du despotisme, lequel naît à mesure de la Révolution, comme la Révolution naît à mesure de notre orgueil. Car l'orgueil envahit à ce point les âmes qu'il semble presser le monde vers sa fin. Quand l'homme aura échangé toutes ses libertés personnelles, qui développaient son âme, contre ces libertés vides et éloignées, qui développent son orgueil, la Civilisation aura perdu effectivement toute utilité pour lui. Les institutions parlementaires ont accéléré ce résultat, les États ressaisissant d'un côté la puissance qu'on leur ôtait de l'autre. Malheur à nous quand la bureaucratie achèvera d'envahir les nations, quand on enfermera l'autonomie entière, dans le moule trompeur des Constitutions par écrit! Vous qui abandonnez la Foi pour croître dans l'orgueil, vous attirez le despotisme sur votre tête, sur celle de vos fils. Quand la bureaucratie remplace toute aristocratie, il n'y a plus de libertés pratiques; plus rien ne croît; il reste encore une population, il n'existe plus de nation.

Il faut une Aristocratie : et il lui faut un Corps, parce qu'il lui faut un lien, parce qu'il lui faut une action sociale en même temps qu'une action morale. En détruisant les Aristocraties d'un peuple, on en détruit les traditions, les mœurs, les fonctions propres, les droits acquis, la vie locale, et dès lors il faut recourir à l'artifice d'une Constitution. Mais que constituer alors qu'on veut tout renverser? Et que constituer, sinon les idées mêmes qui ont produit la *déconstitution*? Indépendamment de la nécessité d'une Aristocratie pour maintenir partout les droits pratiques, les fonctions propres, la vie locale au sein d'un peuple, le Pouvoir lui-même veut entendre la voix de la tradition et des grands intérêts; le Pouvoir lui-même veut sentir son précieux contre-poids. La balance entre l'état des mœurs et celui de l'Autorité, cet équilibre entre nos consciences et le Pouvoir ne peut d'avance se régler par des lois. Qui peut dire par anticipation les besoins du Pouvoir, ou l'étendue qu'une amélioration des mœurs doit ouvrir à nos droits privés? On ne saurait, par des *à priori*, trancher des questions si graves. Aussi bien ces Constitutions ont passé comme autant de rêves.

Les lois civiles, nécessairement variables, ne sont pas la loi morale, nécessairement immuable, bien qu'elles doivent en procéder dans la mesure de nos progrès, dans la mesure de nos mœurs. Et l'État est précisément là pour élever ces lois suivant cette mesure. Les codes, jalons échelonnés sur notre route, tout en visant à un bien supérieur, doivent sous peine d'échouer n'exiger chaque fois qu'un degré d'avancement moral. Dans une Société bien conduite, les lois bonnes aujourd'hui, sont insuffisantes demain : le seul point indispensable est un bon Souverain pour les faire, et une Aristocratie pour empêcher le mauvais Souverain de les enfreindre, ou la révolution de les anéantir. Enfin partout les *meilleurs* sont groupés pour servir et de guide et de frein ; c'est alors que les meilleures lois, qui, dans les autres hypothèses, demeurent inutiles, éclosent et se succèdent aisément. Après tout, les nations sont faites avec des hommes, non avec du papier. Ce sont des hommes qui vivent dans leur sein, et non ces abstractions formulées des partis, que, depuis soixante et onze ans, on nomme des Constitutions.

Ces Constitutions ont été les constructions des partis ; celles surtout qui ont eu constamment en vue de mettre nos mœurs d'accord avec nos erreurs, et ces erreurs avec les difficultés que leur opposent les faits. Nos Constitutions sont le fruit de nos révolutions ; on ne veut tant constituer que parce qu'on sent tout remuer. Ce ne sont pas les factions qu'il faut constituer, mais les éléments des nations ; ces éléments sont la famille, la propriété, la cité, les provinces, leurs corporations, leurs Aristocraties, l'hérédité enfin, qui vient pour perpétuer ces faits, et la Foi, pour leur donner la vie : tout ce qu'on a cherché malheureusement à détruire. Sieyès avec son génie construisit un peuple idéal, détruisit la nation réelle ! C'est à lui qu'on aurait pu dire : Mais qu'avez-vous constitué? Rien. Que fallait-il constituer? Tout : puisqu'on venait de tout détruire... En renversant les droits pratiques et les faits nationaux, ces lois artificielles ont conduit les peuples abusés jusqu'au bord de l'abîme, où les précipitait le premier mouvement. Quand il ne reste que du papier, une révolution a bientôt enlevé toutes traces. Lorsqu'il faut renverser la nation même toute constituée, ses ordres, ses municipalités, ses provinces, ses mœurs, ses droits publics et privés, l'opération se fait moins vite, elle ne revient pas tous les quinze ans.

Les mœurs et les coutumes conservées chez les hommes, et la justice chez les Princes, voilà la vraie constitution. Les hommes d'État ne cherchent pas des formes nouvelles ou étrangères aux nations ; celles qu'elles ont sont les leurs, et, dès lors, celles qui leur conviennent. Les peuples ne reçoivent pas ainsi de constitution, ils en ont une naturelle ; il faut toujours y revenir ! Nous avons demandé tant de Constitutions parce que nous pensions avoir changé les choses, bâti tant de systèmes parce qu'on s'était bâti un autre homme ! Enfin, ce ne sont pas ces Constitutions *à priori* qui protégent les libertés locales et défendent les droits, mais les classes indépendantes et constituées, les véritables Aristocraties. Ce sont les Aristocraties qui les firent naître, ce sont les Aristocraties qui les conserveront. Elles seules ont préservé les peuples du despotisme.

XVII.

Qu'est-ce que les Aristocraties?

Parler des Aristocraties, c'est offrir un breuvage amer à notre soif d'égalité, à notre faim d'indépendance. Des Aristocraties, nous n'en voudrions pas ! Nous ne voudrions pas qu'il y eût des hommes qui enseignassent quand il y en a tant qui ignorent; qui répandissent la richesse et la paix, la justice et la Société, quand le grand nombre s'affaisse dans la barbarie, dans toutes les misères. Qui défendra le bien, le fera voir dans les exemples, le fixera par des institutions, et formera sur tous les points le capital dont vit la foule; qui l'administrera elle-même, lui donnera des lois, l'élèvera à la vertu, à la grandeur, à ces délicatesses d'âme, d'honneur et d'esprit que le peuple, appliqué au pain de chaque jour, ne peut cultiver le premier de lui-même? Non-seulement nous redoutons toute Aristocratie, mais nous considérons le fait comme injurieux à la nature de l'homme, à sa grandeur et au bon sens[1]!

Cependant, si les hommes naissent tous dans le mal, et si, de ce point de départ, la vérité et la Société les conduisent peu à peu vers le bien, tous n'y arrivent pas à la fois, et le fait le démontre. Il en est qui l'atteignent avant les autres. Ceux qui sont *les premiers*, ne doivent-ils pas aider ceux qui les suivent, et surtout les servir dans les choses élevées? « *Que les premiers* « *parmi vous*..., etc. » Les premiers qui profitent dans leur corps et dans leur âme des bénéfices de la Rédemp-

1. L'Aristocratie, chez un peuple, se compose d'abord de tous les honnêtes gens, et de tous ceux qui créent un capital véritable. Il y a de l'aristocratie au beau milieu du peuple, et du peuple jusque dans les classes élevées. Jouer, dévorer son or et son temps, déraisonner et ne rien faire, c'est imiter l'ouvrier qui se mange et se dirige sur l'hôpital.

Un fait qui brille dans toute l'Antiquité, et qui reparaît avec plus d'éclat que jamais chez les peuples modernes, est il, à première vue, d'une telle sottise?

tion, de la Civilisation, tendent la main et font la route à ceux qui viennent après eux. Ce progrès que vous voudriez appliquer comme un réglement à tous les hommes, ne se déclore, hélas! que sur un petit nombre à la fois : par les traditions, l'éducation, les habitudes contractées, par mille peines, par les délicatesses infinies de l'honneur, il s'établit et se conserve dans des familles qui se trouvent alors les meilleures, ΑΡΙΣΤΟΙ. Faut-il les en blâmer? Faut-il à chaque génération les remettre au point de départ? Alors, plus rien de grand, plus rien de fait parmi les peuples.

Quand une race a vu sa tige s'élever de terre, croître et s'épanouir au sein de la vertu, pourquoi la briser si vite et la rendre à l'obscurité[1]? La Société aussi doit recueillir son capital précieux. Ce capital est l'Aristocratie. La Civilisation ne peut recommencer tous les jours. Elle repose sur la rente, à plus forte raison, sur l'aristocratie acquise. Par leur noblesse, leur vertu, leur grandeur, leur bienfaisance, leur sainteté, il y a des familles dans lesquelles la Civilisation est toute faite. Au milieu du champ social, la noblesse est une gerbe debout qui continue de produire et de donner son grain, et le clergé, sa racine, est source de la séve. Pourquoi ce qui est fait devrait-il se défaire? Pourquoi, sur cette plante libre et merveilleuse de l'homme, ne restera-t-il

1. On ne peut la remettre à semer le grain! La Civilisation ne vit pas seulement de pain, mais de toutes bonnes pensées cultivées par l'esprit. Et malheureusement, les muscles s'affaiblissent quand les centres et l'énergie supérieure absorbent le développement. Les familles distinguées et les organisations scientifiques hors de leur place, succomberaient presque toujours. Les bois, la pierre s'emploient au temple, et l'or et l'argent sur l'autel...

rien, ni dans le sang ni dans l'âme, de la nature reconquise? Cependant, si nous naissons avec l'hérédité du mal, il faut que nous naissions avec l'hérédité du bien... Voyez comme, à chaque pas, vous rompiez un fil en logique pour courir après votre orgueil! Ici encore, l'homme doit mériter, et non ravir par des révolutions qui ne ramènent plus bas la société qu'en la démolissant. Qui empêche de s'élever? la hiérarchie n'est qu'une échelle. Prélevons d'abord sur nos sens pour établir un capital, que le travail prépare; puis employons ce capital au service de la vertu, de la justice, de la pensée, de l'honneur, de l'État, et nous serons les hommes de la nation, les *gentils*hommes. Les chemins sont ouverts. Le Pouvoir politique ôte-t-il à quelqu'un la liberté de bien faire?

XVIII.

Dès lors, qu'est-ce que le peuple?

Dès lors, qu'est-ce que le peuple? Un fruit des Aristocraties. Elles sont toujours trois : celle qui nous donne la Foi, celle qui nous donne le gouvernement, enfin celle qui nous donne l'exemple et le capital [1]. Il en résulte aussi qu'en étouffant les Aristocraties, on suspend leur effet, et le peuple, sans qu'on y songe, retombe peu à peu dans la barbarie. « Les classes éclairées, dit M. Thiers, ne sont pas la nation tout entière, mais leurs penchants bons ou mauvais sont bientôt ceux de la nation entière : elles font le peuple par la

1. Car on voit rentrer dans le peuple tous ceux qui le consument.

contagion de leurs idées et de leurs sentiments. » Que serait l'Angleterre sans l'Aristocratie? Que deviennent les mœurs et les goûts des Français depuis qu'ils ont perdu la leur? Le peuple, en Angleterre, admire l'Aristocratie qui lui a donné le commerce du monde, et lui-même travaille, par des efforts que la vertu peut seule multiplier, à en réparer incessamment les rangs. Les masses ne sont point initiatrices. Les masses ne peuvent que recevoir le mouvement; dès qu'elles ne sont ni enseignées, ni protégées, ni dirigées, elles se retournent contre elles-mêmes et se détruisent. Les masses ! nous voilà, c'est nous-mêmes, accablés par notre nature, traînant la chaîne du premier péché ; c'est ce que n'a pas encore relevé le mérite, c'est le poids brut du genre humain. La chute pèse toujours sur nous. Ce n'est point d'un seul coup que l'homme se relève, ni qu'il peut se réhabiliter. Par la grâce qui leur est envoyée, sans doute en vue de leurs semblables, un certain nombre d'âmes parviennent à soulever les chaînes qui compriment la liberté morale de la race d'Adam. Mais partout où l'Autorité se retire, partout où s'éteint l'Aristocratie, le peuple s'affaisse et disparaît. Où sont les foules qui se pressaient dans Rome? où est le peuple de Venise? Car le peuple, puisque tel est le nom que vos idées mêmes lui laissent, est une création de la Foi et de la justice, appuyées sur l'Autorité; il est celui que l'on éclaire, que l'on sustente, que l'on établit dans la loi, à qui l'on donne la Société; le peuple est le produit de la Civilisation [1].

1. « Qu'est-ce que le Tiers-État? dit Sieyès. — Rien. — Que doit-il être? — Tout ». Que le fils de Rousseau le dise, comment le tiers peut-il être le tout?

Et lui-même, il sent si bien qu'il est un fait inaccompli, un perpétuel commencement, qu'il n'a qu'une pensée, qu'une envie, c'est de quitter ses propres rangs. Dès qu'un homme s'est fait un capital ou un nom, il ne veut plus être du peuple. Comme aussi, dès que le bourgeois ou le gentilhomme a dissipé corps, âme et biens, il disparaît dans le peuple. Les faits politiques proviennent de la nature des choses, qui provient elle-même de notre propre fait, de l'état où la Chute nous laisse. La hiérarchie n'est pas une échelle arbitraire. C'est le fait, et non un système, qui place toute bourgeoisie au-dessus de la foule. — La Foi n'agirait-elle point sur le peuple s'il n'y avait pas de bourgeoisie? — D'abord, aussitôt que la Foi agit sur le peuple, elle en fait naître une bourgeoisie, elle en fait sortir les *meilleurs*, en le pénétrant des deux vertus chrétiennes, le travail et la modération dans les jouissances, d'où sort le capital.. d'où sort la bourgeoisie. Puis, dès que la Foi agit sur cette bourgeoisie, c'est en lui inspirant la grandeur, la charité, l'esprit de la plus haute aristocratie [1]. La puissance de la Foi, appliquée à un peuple, en tire ses Aristocraties. Elles sont la gloire de la na-

1. La Foi n'agirait-elle pas aussi bien sur le peuple sans Aristocratie? Mais l'Aristocratie se compose des âmes qui les premières sortirent du peuple en voyant la lumière. Comme la lumière pure, la vérité ne se voit pas toujours; et d'ailleurs les exemples donnés par le clergé ne remplacent pas ceux qui viennent des hommes riches, admirés, et dans nos conditions de vie. C'est un fait social de première importance. Si, à la voix du Clergé, ne se constitue aussitôt une Aristocratie chrétienne et dès-lors un État, l'œuvre du Clergé reste inachevée, comme autrefois aux Indes et en Chine; bien que dans cette formation des Aristocraties un élément païen reste toujours mêlé à l'élément chrétien.

tion qui les voit croître, comme les moissons et les forêts, du sol qui leur donne le jour. Les hommes sont personnellement libres ; ce qui est fixe, ou absolu, c'est l'échelle que les individus, suivant leur mérite et leur aptitude, montent ou descendent tour à tour.

Qu'est-ce que le bourgeois ? Un homme du peuple qui a économisé. Et le gentilhomme ? Un bourgeois qui s'est illustré. Et l'homme du peuple ? Celui qui, s'il le veut, dépassant encore ces degrés, peut toujours devenir un saint ; car la Grâce prévient tous les hommes ; elle ne fait point acception de classes qui ne sont après tout que le fait. Au reste, entendez votre propre langue, vos discours ont roulé sur ces mots : *Classe inférieure, classe moyenne, classe élevée ;* c'est bien pour nommer des réalités ! — Depuis notre Révolution, le peuple a reconquis sa place. — Laquelle ? le genre humain en aurait-il changé [1] ? La vertu, la justice sont toujours aussi rares ; les mains débiles, dans la foule, ont toujours même peine à recueillir le capital. Enfin, c'est par pure exception que le peuple garde la vérité, ou qu'il la choisit de lui-même. Il fera bien peu pour la Foi. Dans la cité providentielle, dans Jérusalem elle-même, le peuple fut idolâtre sous les Chananéens, fidèle sous les Hébreux, chrétien sous les Apôtres, musulman sous les Sarrasins. Le peuple relève en tout de ceux qui le gouvernent : anglican sous le parlement d'Angleterre, grec, luthérien, calviniste, suivant ses Rois. C'est le

1. La chair, plus forte que la volonté, empêche encore les trois quarts de la foule de mettre un second sou sur le premier ; et le moi, plus fort que l'amour, empêche encore les volontés déjà plus libres de s'élever au dévouement...

marbre de Paros, attendant que la main de l'artiste en fasse une borne ou un Dieu...

Dès lors comment considérer le peuple? — Il ne peut y avoir deux manières : comme les membres que Jésus-Christ s'est appropriés dans ses souffrances, qu'il a recommandés aux siens de servir, à ses Apôtres d'enseigner, aux Rois de gouverner dans la justice et la paix ! c'est le troupeau qu'il a confié à l'Église, lui enseignant à le chérir de cet amour de préférence qu'une mère a pour le plus jeune et pour le plus faible de ses fils. Car là se trouvent ceux que le Sauveur a sacrés du nom de faibles et de simples, de pauvres et de petits en ce monde, afin qu'ils y soient protégés dans les besoins du corps et de l'esprit ; ceux qui peut-être reçurent moins de lumières et à qui il sera moins demandé ; ceux qui se présentent après les autres aux portes de la Civilisation, afin qu'elle les reçoive et les y édifie dans le vrai, dans le bien, non dans l'orgueil : puisque le fruit d'Adam est encore, en leur sein, la cause de cette infériorité relative. Car, pas plus que le Roi dans l'administration de la justice, l'Église ne connaît ces démarcations ; ses bras s'ouvrent à tous ses enfants, tous viennent indistinctement s'asseoir au foyer et à la table de leur Mère... Le plus faible, le plus petit, le plus à plaindre, à protéger, à secourir par la vertu, les lois et les institutions, voilà celui que vous faisiez souverain ! celui dont le triomphe devait rendre bientôt l'Église et les Rois inutiles ! celui de qui allaient découler le droit, la justice, la vérité, le progrès, tous les biens [1]... Hélas ! le peuple n'a que son sang. Reste

1. Ceux qui tiennent au peuple ce langage, et brûlent devant lui

fidèle au Dieu qui t'a donné le sien, sang de l'homme, sang racheté, sang ennobli, toujours prêt à couler dans les veines du soldat ou du prêtre, à te répandre en larges couches de vertus, à t'élever par les degrés de la justice, de l'honneur, du dévouement et de la sainteté, de gloire en gloire, selon que la Vérité et la Vie ont jeté leur ferment divin dans ta coupe écumante !

Le grand principe est rétabli ; bientôt, le serrant de plus près, nous en verrons sortir tout un ruisseau de conséquences. Plusieurs déroulent leur pensée comme une chaîne, et ils font bien. Moins savante, la mienne se développe comme une plante ; elle a sa racine et sa tige, qui s'ouvre à chaque instant pour laisser passer ses rameaux.

XIX.

En rétablissant la liberté morale, en formant des hommes qui d'eux-mêmes obéissent au bien, en produisant cette quantité et cette diversité d'aristocratie que jamais les peuples n'ont pu atteindre hors de son sein, l'Église seule permet aux pouvoirs politiques de se relâcher de leur autorité, et aux peuples de croître dans leurs libertés légitimes. Mais le fait, on le sent, ne saurait avoir lieu que chez les nations chrétiennes ; toutes les autres, enfermées dans le despotisme, ne crois-

Les peuples chrétiens développent leurs libertés.

leur encens, sont des esprits déclassés que veut réprimer la fortune, des lâches toujours à ses pieds, ou prêts à baiser ceux des tyrans.

sent plus. Il faut aussi se rappeler que vérité et liberté illimitée font parmi nous le trajet du pot de verre et du pot de fer. Chez l'homme, il est des points qu'on doit mettre à l'abri, comme le fait la nature pour l'organe précieux du cerveau. La presse, par exemple, ne saurait librement attaquer les sources de la vie. Ce qui doit être illimité, sans condition, au-dessus de tout, c'est la vérité, qui est le droit de l'âme.

Peut-on livrer au premier venu la faculté d'introduire ses erreurs dans les âmes, ou de leur souffler l'ardente haleine du mal? Les aristocraties, quand l'heure est belle, réclament de ces libertés-là sans regarder ce qu'on en fait au-dessous d'elles. Une même chose peut-elle être bonne pour tous? Par exemple, il est louable de prêter, prêterons-nous à tout le monde? Donnerez-vous à nos littérateurs, à tant d'esprits formés par le hasard, à ces victimes de l'opinion, des préjugés et des mots, la même liberté qu'à l'Église? Il n'est besoin que d'y réfléchir. Les classes élevées veulent souvent une arme qui deviendrait terrible entre les mains des classes inférieures ou des méchants. Qu'en conclure? Qu'il faut, ou maintenir dans la Société une liberté moyenne, mesurée à celle qui convient à ces derniers, ou en établir deux degrés : l'un réservé à ceux qui offrent les garanties, et l'autre à ceux qui peuvent abuser. Enfin, chez des peuples sérieux, peut-on traiter de la Politique sans être docteur dans les sciences qu'elle suppose, et sans fournir des garanties considérables d'attachement à l'État? Chez nous, la Politique est la proie des écoliers délivrés du collége, l'affaire des littérateurs... O France! ô esprits que la presse conduit!

Comme l'esprit gouverne dans l'homme, il doit gouverner dans la Société. Et ces désirs d'une liberté absolue de la presse partent d'un sentiment obscur du rôle merveilleux de l'Église. Un immortel instinct redit aux peuples modernes : L'homme ne peut obéir qu'à Dieu, c'est l'ordre moral qui nous gouverne ! La question de la liberté de la presse, loin d'avoir été épuisée, en est encore au début. Cette liberté se rattache à la grande question de notre liberté même, dont il faut cependant avoir une idée, à cette heure où les hommes font tout pour la perdre, et rassemblent les matériaux d'un despotisme immense.

XX.

La liberté humaine.

La liberté humaine, qu'on définit fort mal et qu'on rend ainsi cause d'incalculables maux, est la faculté de faire le bien alors qu'on a la possibilité de faire le mal. C'est l'ineffable pouvoir d'agir par soi-même, d'être cause, et dès lors, responsable. L'homme est cause, la liberté c'est l'homme même. Mais, de ce que l'homme pourra choisir le mal, il ne s'ensuit aucunement qu'il ait le droit de le faire ; que ce soit là, comme on le fait entendre, une dépendance de sa liberté souveraine [1].

1. Nos savants, quand ils ne la nient pas, définissent la liberté : le pouvoir de faire le bien et le mal. Dites au moins, de choisir entre le bien et le mal ! Aussi les révolutionnaires les ont-ils pris au mot ; ils déclarent la liberté absolue, n'ayant d'autre loi qu'elle-même. De là ils tiennent au même rang celle du bien et celle du mal, pour que la pente naturelle choisisse la dernière. C'est ainsi qu'on arrive à ne plus voir la dignité de la vertu, à mépriser les bons, et, peu à peu, à les

Voici le fait. Dieu impose sa loi à la nature, et il la propose à l'homme. La liberté est donc, au fond, le pouvoir qu'a l'homme d'accomplir lui-même sa loi [1] : pouvoir sublime qui le met au-dessus de la création entière (les anges exceptés), le rend *semblable à Dieu.* L'homme, effectivement, a été *fait à cette image*, afin qu'il puisse un jour lui ressembler : *Estote perfecti sicut Pater!* Il faut y prendre garde, le pouvoir d'accomplir soi-même la loi, n'est point le droit de la violer, parce que sous le pouvoir d'accomplir se rencontre celui de ne pas accomplir : interprétation qui serait digne du néant, d'où nous sommes, et non de l'être que Dieu veut en faire sortir !

Et d'ailleurs, croyons-nous que ce soit là un complément, un attribut de notre liberté?. C'en est, tout au contraire, la faiblesse et l'absence. Dieu, qui est libre, fait-il le mal? La sainte Vierge, née sans péché, les anges et les saints dans le Ciel, font-ils le mal parce qu'ils conservent la liberté? Le mal en est exactement l'imperfection momentanée, la débilité ou l'enfance : l'aigle n'a pas encore quitté terre. La perfection de la liberté, pouvoir d'accomplir la loi, est dans la permanence de l'accomplissement de la Loi. Sur cette terre, l'homme n'est qu'un enfant; il en demande et la surveillance et les soins... Dieu remet la liberté à l'homme pour le conduire à la divine Gloire, pour lui faire obtenir un mérite

vouer à cette haine qui, dans les triomphes de cette liberté, dresse les échafauds! « On coupe les têtes sans scrupule, dit un écrivain religieux, parce qu'on les coupe par principe. »

1. De là, résulte sa grandeur; sa dignité vient de ce qu'il l'accomplit...

éternel. Par cette communication de l'essence absolue, l'homme est cause, l'homme mérite, il se crée un titre réel aux yeux de l'Infini! Qui peut se glorifier de rejeter la loi éternelle de l'Être? Et qui croit faire acte d'indépendance en refusant la loi qui l'ennoblit pour se donner à celle qui l'asservit, le fait descendre au-dessous de lui-même, le repousse vers le néant?

Ceci modifie étrangement une thèse dont notre époque, privée de métaphysique, n'a vu que le côté vulgaire. La liberté donnée à l'homme pour l'élever au Ciel, est un pouvoir dont on ne peut se jouer sur la terre; un pouvoir sacré qu'on ne saurait tourner en dérision en l'appelant illimité, qu'on ne saurait immoler en le laissant écraser de son poids la foule des volontés débiles ou déjà en proie aux passions.

Et d'abord, Dieu n'a pas remis à l'homme une liberté *illimitée, dont l'usage anéantirait précisément sa liberté.* Il a eu soin, au contraire, de placer partout devant elle un arrêt pour la retenir sur l'abîme : dans notre corps, c'est la douleur; dans notre âme, le remords; dans la Société, la loi et la nécessité. Il a tout disposé pour que l'homme fût ramené dans son libre arbitre au moment où l'abus l'en ferait sortir. Ensuite, une liberté illimitée, en l'homme, prouverait qu'il est parfait; s'il l'était, il ne recevrait pas ici-bas la grâce avec la liberté afin de le devenir. Loin de naître parfait, il est réservé à cette gloire immense de n'être rien pour pouvoir tout par la divine Grâce. Enfin, ce serait le prendre pour bon et comme exempt des suites de la Chute, alors qu'il n'est sur la terre que pour rétablir sa nature et l'accomplir. De cette idée, on s'empressait également de déduire la thèse d'une société parfaite, exemple de gouvernement, lorsqu'elle n'est au contraire qu'un vaste système d'éducation. Au reste, on sait les inepties que les vains esprits ont entassées sur un fait dont ils ont ignoré le sens.

XXI.

Usage de la liberté.

Pour fixer l'usage et l'étendue de notre liberté, il fallait en connaître l'essence! Le pouvoir d'accomplir soi-même la loi, ne saurait devenir celui de la violer, moins encore celui de la perdre et de la tourner contre elle-même. La liberté n'est pas pour elle, mais pour l'homme, mais pour son bien, mais pour la loi. A qui d'abord appartient-elle, sinon au bien et à la loi? D'ici, l'on voit où elle se développe et où elle s'amoindrit; où elle doit être illimitée, et où il lui importe d'être réglée et conservée. Créée en vue du bien, la liberté ne saurait attaquer le bien sans se détruire, sans être le contraire de la liberté. De là les conséquences, que l'histoire a tirées : *liberté illimitée pour le bien*, pour l'Église, par exemple, parce qu'elle est l'action de Dieu sur l'homme; *liberté réglée pour l'individu*, pour la presse, par exemple, parce qu'elle est l'action de l'homme sur autrui[1]!

N'oublions point ceci : la liberté, créée pour le mé-

1. Pour l'homme, pour celui qui se trompe, liberté complète d'écrire, de penser et d'agir : pour l'Église, pour celle que Dieu dirige, surveillance sévère dans tous les mouvements! Voilà la logique du siècle : il ne saurait manquer d'en recueillir les fruits...

rite, se circonscrit au terrain du mérite. Tout ce qui le dépasse est autant de perdu pour l'homme, de détruit dans la Société. Multiplions autant que possible, devant la liberté, les occasions de mériter; réduisons celles où elle peut démériter, et dès lors s'affaiblir. C'est le principe, c'est le point éclairé, et d'où il faut discrètement mener la lumière sur le reste; c'est le nœud des difficultés contemporaines. Personne ne demande l'inquisition telle que les princes l'exercèrent en Espagne, ni la licence telle qu'elle éclate chez les peuples en révolution. On demande le bien dans la liberté possible : et cette thèse, une fois démontrée, rallierait tous les esprits honnêtes et sensés. On doit toujours poser la question de la liberté dans son rapport avec le bien.

Ne serait-elle point guidée partout où elle pourrait nuire, soit à elle-même, soit à autrui? L'homme, en effet, n'est pas seul, et sa liberté se limite encore à celle de ses semblables. Il y eut évidemment confusion! c'est la Justice qui est sans limites, parce qu'elle est l'accomplissement de toutes les libertés. Et ici, l'homme possède un bien plus doux et plus vénéré que la liberté, parce que ce bien contient et toutes les libertés et toute l'égalité possible. Ceux qui font leur unique thèse de la liberté absolue, et l'opposent à la justice, à la famille, aux droits acquis, à la vérité, à la loi, à la Société elle-même, nous offrent une triste idée de leur jugement! L'homme ne doit être attaqué ni dans son âme, ni dans sa famille, ni dans ses biens, ni dans ses mœurs, ni dans ses droits acquis, ni dans la Société, qui les garantit tous. Car c'est elle qui le recueille, qui l'édifie, et le respecte dans tout son être. L'État défend sa personne contre la violence, l'Église défend son âme contre l'erreur. Enclin au mal, condamné au travail, en proie à la misère et aux passions, il est ouvert de tous côtés aux entreprises du mensonge : et lui laisser la faculté de communiquer ses erreurs aux foules sans expérience, c'est attenter au plus sacré des droits de l'homme. Accorder à la presse une liberté illimitée, c'est vouloir que le peuple appartienne au premier venu.

La liberté n'est point là. Elle naît avec notre âme, elle se lie à tout homme, se développe comme lui, et c'est à quoi l'on reconnaît la véritable liberté. Elle n'est ni l'apanage ni le profit de l'écrivain, qu'on peut toujours acheter ou mettre en prison. « Esclave né, dit Boileau, de quiconque l'achète ». La liberté a pour gardien les Aristocraties. Chez les peuples chrétiens, elle s'ouvre pour l'homme avec la vie, s'assied à son foyer, l'accompagne en son champ, paraît avec lui au sein de la cité, s'épanouit dans ses vertus et dans ses mœurs. Elle veille à ce qu'il ne soit frustré de ses droits, ni comme homme, ni comme père, ni comme propriétaire, ni comme citoyen ; à ce qu'on ne lui ôte point, par exemple, la faculté de tester, celle d'élever entièrement ses fils dans sa foi, de défendre les droits qui s'attachent à ses biens, à sa cité, à sa Province, sous le prétexte dérisoire de lui offrir des libertés dont les hommes de lettres sont seuls appelés à jouir.

XXII.

Peut-on laisser, en conscience, la charge auguste d'enseigner les Nations à quelques hommes formés par la rhétorique, et en dehors précisément des études que réclame la politique? Docteur en théologie, docteur en histoire, docteur en morale, docteur en économique, docteur dès lors en Politique! Tels sont, aux yeux de tout homme sérieux, les titres à présenter pour obtenir du Souverain le privilége redoutable de parler aux nations. Vous demandez la liberté de la presse, c'est sans doute pour annoncer aux hommes des vérités nouvelles, et dont vous les croyez privés? Où sont les détenteurs de ces vérités supérieures au bon sens et à la tradition?.. Et qui peut croire à une presse instruisant les nations? *La liberté de la presse annule celle de l'Église*

Non, vous voulez ôter l'homme des mains maternelles de l'Église pour le livrer à des littérateurs. Égarer l'homme ou le séduire est une étrange profession. Les pasteurs des peuples peuvent-ils fermer les yeux sur cette iniquité fatale?

Mais la science n'est pas ici la seule condition; il en existe une seconde, et c'est sur ce point qu'on s'oublie! Le droit d'enseigner les nations, qui appartient à l'Église, ne saurait même s'exercer par les Rois d'une manière absolue. Ce droit dont les Rois, appelés par l'Église évêques extérieurs, ne disposent auprès des âmes que dans les choses extérieures [1], telles que les

1. Il se rapporte, directement, au bien temporel de l'État, et indirectement, à l'exécution des lois divines, dit S. Thomas.

Sciences, les Lettres et les Arts, dans les choses qui se lient aux besoins de l'État, telles que la justice et les lois, l'agriculture et l'industrie, la guerre, le commerce et l'administration; ce droit de pénétrer dans l'esprit de leurs peuples, de captiver leurs cœurs, est le plus grand, le plus auguste de la Couronne. Le Prince peut seul le conférer. Le Prince qui abandonne cette charge vraiment épiscopale, ce pouvoir précieux, n'est pas digne de conserver les autres : il a fait peu de cas de l'âme de ses peuples. Quand il accorde ce droit si cher, au citoyen qu'il en a jugé digne, le Souverain lui confère une charge non moins grave que celle dont il investit le gouverneur d'une Province ou le commandant d'une armée. Et lorsqu'il la confie, il ne reconnaît point un droit, il cède un *privilége*[1], un privilége de la Couronne.

Le Christianisme en s'éloignant nous laisse dans la nuit; les hommes, comme saisis d'un rêve, répètent des mots et demandent des choses dont ils n'ont pas le sens. Dans le mouvement qui entraîne les nations catholiques depuis que l'absolutisme se substitue à l'action de l'Église; dans le besoin qui appelle partout la liberté de la presse, se manifeste cet instinct sacré : que la loi de l'esprit doit régner chez les hommes. Cette idée affaiblie du triomphe de l'ordre moral, nourrit en nous une image trompeuse des biens que nous avons perdus; tant notre cœur désire la lumière et redoute la force qui menace la conscience, la liberté des enfants de Dieu!

1. Sous la Monarchie française, qui conservait le sens des nobles choses et de la dignité de l'homme, aucun livre ne se publiait qu'avec *Privilége du Roi*.

XXIII.

La rté politique mande la rté pratique.

Au sein des nations chrétiennes, les hommes ont toujours possédé des droits privés et des droits publics; les uns, pour l'individu, les autres, pour la Société. Les libertés véritables reposent sur la famille, sur la propriété, sur la commune, sur la Province. Quand l'État se substitue à ces grands faits, il n'y a plus de libertés chez les peuples. Ces libertés réelles se forment avec eux; elles demandent des Aristocraties pour les produire et pour les protéger. Un peuple privé d'Aristocratie appartient au despotisme. Ces Aristocraties ellesmêmes sont fondées sur des conditions morales et politiques qu'on ne saurait ébranler sans renverser les peuples et leur propre constitution historique.

Au reste, tout le monde sait que les nations chrétiennes arrivent à une sage liberté. Mais une sage liberté est une *liberté sage*, facile à définir : accroître sans mesure la liberté du bien, et réduire avec soin celle de faire le mal, celle de se détruire[1]. Repousser une semblable liberté, serait avouer qu'on réclame les droits de l'orgueil et non ceux de la liberté. Car, dès qu'elle prétend se donner à elle-même sa Loi,

1. La Révolution se garde bien de faire la grande distinction entre la liberté de bien faire et la liberté de mal faire! Pour découvrir laquelle des deux est chère à ceux qui demandent à si grands cris la liberté, regardons à leurs mœurs...

décider de l'existence qu'il faut laisser à Dieu, à l'homme, à la famille, à la propriété, aux aristocraties, à la commune, à la cité, à la Société elle-même, c'est d'une pareille liberté qu'il faut dire, *elle n'a ni foi ni loi, ni feu ni lieu.* On croit la France avide de cette liberté, qu'on appelle illimitée ou absolue. On la disait aussi folle d'égalité! Mais la France précisément ne reprit confiance, après 1848, que parce qu'on retirait à la Tribune, à la presse, aux associations politiques, cette liberté illimitée. Voilà qui doit tranquilliser. Car s'il fallait combler l'orgueil, chacun sait quand on y parviendrait!

En politique, l'extrême liberté est la servitude des bons. La liberté politique, telle qu'on la voulait de nos jours, détruit la liberté pratique, et, pour peu qu'on la laisse aller, nous ôte celle d'exister... Ce n'est pas d'elle que viennent au peuple la Foi, la justice et la paix, mais de la solidité de la loi. Eh bien! ceux qui produisent ces trois choses, le prêtre, le juge et le paysan, ne songent qu'à la liberté vraie, qui est le triomphe de la loi ; ils songent au droit de l'homme qui possède la Foi, au droit de l'homme qui crée un capital, au droit de l'homme qui crée une famille, au droit de l'homme qui défend les intérêts de sa cité. Voilà des libertés pratiques, auxquelles ils songent avant tout! Restent les beaux esprits. Faut-il exposer une Nation pour deux ou trois cents hommes de lettres? Ne puisons pas de conseils dans la foule. Les désirs du peuple sont comme les appétits du corps, on ne peut les écouter sans le détruire.

Dernièrement l'Angleterre, par la voix du journal

qui exprime le mieux ses secrètes pensées, disait naïvement en parlant de la France : « C'est un pays « auquel il faut imposer le rétablissement de la *liberté* « *de la presse* et de la *discussion parlementaire* [1] ; de « façon que si l'on ne peut en supprimer la force ma« térielle, on supprime du moins la puissance que trouve « ce pays dans l'unité de ses conseils. » C'est ainsi qu'en 1815, en compensation des frontières qu'on laissait encore à la France, l'ambassadeur anglais demandait le maintien, au Code civil, de ce partage des successions qui, brisant les familles à mesure qu'elles se forment, prive à jamais les nations d'une aristocratie, arrête leur croissance, les condamne à passer alternativement de l'anarchie au despotisme. L'Angleterre, qui en doute? nous féliciterait d'une brèche nouvelle faite à l'hérédité, à ce dernier rempart de la famille et de tout capital! Avant de repousser les inspirations de l'Église et les faits de l'histoire, que la France écoute du moins les leçons de ses ennemis...

1. Nous parlons de la liberté de la presse, et souvent celle de la Tribune devient plus dangereuse encore par la régularité avec laquelle elle peut miner le siége d'un malheureux gouvernement. Cet esprit d'opposition que les parlementaires, encore étonnés de leur chute, appellent, pour la justifier, « LA PENTE FATALE DE NOTRE TEMPS », est la pente éternelle de l'homme, le fatal besoin de briser tous les jougs, d'envier tous les biens. Pente de notre temps? En dehors de la vérité, comme on peut se payer de mots!

XXIV.

La Révolution et notre liberté.

Un matin la France s'éveille et ne trouve plus ni son Église, ni ses Rois, ni sa Noblesse, ni ses ordres, ni ses corporations, ni ses Provinces, ni ses municipalités, ni ses coutumes, ni son droit public, ni ses libertés dans la famille, dans la propriété, dans la commune, dans la cité ; enfin, ni ses universités, ni ses abbayes, ni sa marine, ni ses colonies... plus rien de son histoire, plus rien de son passé. Qui détruisit en un jour toute la constitution historique d'un peuple? La Révolution ! Et ce peuple dansait de joie autour de ce monceau de ruines.. et les grands, les hommes d'État et les savants, fatigués de ne plus attirer l'attention de la foule, s'écrièrent aussi : Gloire à la Révolution, à qui nous devons tous nos droits, à qui nous devons tous nos biens !... Jamais l'homme de cœur ne vit un spectacle plus navrant.

La Révolution est la grande illusion, le mensonge le plus vaste qui ait paru sur la terre. Aux méchants pressés sous ses drapeaux, elle joint la multitude des cœurs qu'elle a séduits : les méchants seuls, jusqu'à ce jour, s'armaient contre le monde. L'Islamisme n'entraînait que les âmes déjà captives de leurs sens, et le Protestantisme, que celles que dominait leur moi ; mais, atteignant la raison même, la Révolution voit peu à peu les âmes généreuses entrer dans ses redoutables filets. Là est l'immensité du péril... Avouer que les cœurs dans l'humilité, secourus par des traditions ou de fortes doctrines, pourront seuls désormais échapper ; c'est dire que le monde est à la veille de périr.

L'illusion ! Qui comptera les cœurs déjà tombés sous son empire, — depuis ceux qui prétendent à l'égalité absolue, au partage des biens, à l'inutilité des Trônes, à la félicité sur la terre, — jusqu'à ceux qui veulent y proclamer une liberté sans limite, y restreindre l'action des lois, prier les Souverains de partager leurs sceptres, rompre l'écluse du capital, — enfin, jusqu'aux imaginations convaincues que la vérité va par elle-même triompher de l'erreur, que la liberté suffira pour assurer le règne de l'Église, qu'elle peut aliéner son Patrimoine, se passer de l'État, et abdiquer tout pouvoir temporel ?. car, telle est la progression, lorsqu'on redescend l'échelle de l'erreur. Que d'hommes aujourd'hui pensent conduire le monde à une ère nouvelle, à une ère plus grande, et le conduisent à sa fin [1] ! Oui, ce que la Révolution renferme de plus terrible, c'est l'illusion. Pas une vérité dont elle n'ait tiré un mensonge, pas un mensonge qu'elle n'appuie sur une vérité ! C'est au nom de ce qu'il y a de plus divin en nous, la liberté humaine, qu'elle a détruit la Foi dans la moitié de l'Europe,

1. Sur cette terre, le mensonge et la séduction seront les derniers maux... « Cette conjuration contre le Ciel revêt un caractère qu'elle n'avait point pris dans les siècles passés, celui d'une profonde et séduisante hypocrisie. On veut épurer l'œuvre de Dieu, qu'on démolit ! Et telle est la sagesse avec laquelle l'esprit du mal a dressé ses embûches qu'il égare des esprits droits, qu'il les fascine au point de s'en faire des défenseurs. Il s'opère sous nos yeux ce qu'on verra au dernier jour : un grand mystère de séduction. Il semble, si cela était possible, que les élus mêmes n'y échapperaient pas. » — Mandement de Mgr l'Évêque de Digne, au clergé de son diocèse ; 1861.

brisé les droits acquis par les provinces, par les cités, par la famille, par la propriété, jeté les âmes dans l'athéisme et la Société moderne sur le bord de l'abîme.

Et l'homme moderne est si vain, il a gardé si peu du bon sens que possédaient nos pères, qu'il s'est vu dépouiller des libertés acquises par dix-huit cents ans de pratique chrétienne ! des libertés réelles, qui s'attachaient à la propriété, à la famille, à la cité, à l'individu même pour lui faire une place au milieu des nations. Il a lui-même échangé ces libertés, propres au bien, contre des libertés illusoires, propres au mal, et dans lesquelles il voit insensiblement disparaître la famille, la propriété, sa personnalité même, sa Foi, ses coutumes, ses droits !

Si une illusion, une hérésie, a suffi jusqu'ici pour ébranler l'Europe, y renverser les plus puissants États, qu'attendre de la Révolution, qu'attendre de l'illusion définitive[1] ? Les axiomes sont ébranlés ; déjà les Rois ont douté d'eux-mêmes, et sont descendus de leurs Trônes ; de grands esprits, rappelant ces mots redoutables : *Les étoiles tomberont du Ciel*, sont tombés du sein de la lumière ; et le sublime écrivain de l'époque a disparu dans l'abîme aux regards consternés de ses contemporains. A quoi servira le génie ? Si les chrétiens eux-mêmes mettent un pied sur les bords de l'illu-

1. « La Révolution, s'écrie S. S. Pie IX, dans l'Encyclique du 8 dé« cembre 1849; la Révolution est inspirée par Satan lui-même. (Ex« pression qui rappelle involontairement la pensée si connue du comte « de Maistre !). Son but est de détruire de fond en comble l'édifice du « Christianisme, et de reconstituer sur les ruines l'ordre social du « Paganisme ! »

sion immense, tout est perdu. Laissons des insensés, laissons tous ceux qu'emportent les hérésies, le libéralisme ou le panthéisme, ces âmes privées des ailes du véritable amour, désirer pour l'Église les trois libertés mêmes qui conspirent sa ruine, liberté de conscience, de la presse et des cultes, ces libertés qu'ont proclamé ses ennemis...

XXV.

La Révolution séduit plusieurs esprits chrétiens.

Le trop malheureux écrivain qui lui-même arrêtait ce programme, et conseillait au Clergé de France de mendier son pain à travers nos campagnes, pour y trouver la liberté, réclamait de plus la rupture entre l'Eglise et l'État, afin de séparer la cause de l'Église de celle du Pouvoir monarchique, qu'il croyait seul en butte aux haines de la Révolution[1]. Les illusions perdront ce monde... Pour un Théologien, que c'était peu connaître l'homme! Si déjà les âmes qu'agite le mal, portent une haine si grande au Pouvoir, parce qu'il surveille leurs actes extérieurs, quelle horreur n'éprouvent-elles pas contre l'Église, dont le regard les suit dans leur cons-

1. « L'Église, pour rester ce qu'elle doit être, sera contrainte de « s'isoler de la Société politique, afin de recouvrer sa force première « et divine.»..... « Que l'Église donc, évitant de lier sa cause à celle des gouvernements, se concentre en elle-même. » *Des progrès de la Révolution cont. l'Égl.*, par M. l'abbé de La Mennais, chap. IX: Devoirs du Clergé dans les circonstances présentes; Paris, 1829! — « La séparation de l'Église et de l'État a l'avantage d'attaquer le gallicanisme pratique. » *Affaires de Rome*, 1836.

cience? Les populations déchaînées n'ont-elles pas poursuivi les prêtres avec plus de fureur que tous les agents du Pouvoir? Croire que les hommes se porteraient d'eux-mêmes vers la Foi, c'est-à-dire vers le bien, vers la justice et vers la vérité, s'ils trouvaient une liberté sans limite dans la presse, la conscience et les lois, n'est-ce point oublier et la Foi et le motif qui la fit donner à la terre? oublier la thèse chrétienne elle-même?

C'est sur ces points, malheureusement, que les disciples de M. de La Mennais virent le génie du maître. On crut qu'il venait ouvrir le passage entre le monde ancien et un monde nouveau, éclos de la Révolution. Était-ce un monde moderne, ou bien un monde malade? « La Révolution, s'écriait le maître, donne au Catholi« cisme une seconde naissance[1]. » « La Révolution « française sortit de l'Évangile », écrivait un disciple à l'écart, en tête de ses vastes publications[2]. La chute du puissant esprit n'emporta point les traces faites dans l'imagination. Des âmes possédées d'un noble mais trop pressant désir de conduire à la Foi une Révolution qu'elles croyaient pleine de grands instincts, voulurent en ménager d'abord, mais en épousèrent bientôt les sympathies. Pour diriger des sentiments qu'ils pensaient mieux connaître, associer la Foi à ces progrès nouveaux, ils continuèrent de présenter la liberté de la presse, de la conscience et des cultes comme l'unique voie de salut pour l'Église; ils continuèrent de repousser pour elle la protection, toujours dans la pensée

1. *Affaires de Rome*, par M. de La Mennais.
2. Début de *l'Hist. parlement. de la Révol.*, par M. Buchez.

qu'une liberté illimitée suffit à son triomphe... C'est bien peu connaître ce monde. L'Église n'est affligée, ni dans la Chine ni dans les Indes, de la protection de l'État, et elle trouve en Amérique la pleine liberté de lutter: son triomphe y est-il plus grand?

C'est l'illusion du jour. On croit que la liberté fera tout, et qu'elle va couvrir la terre des biens que dix-huit cents ans de Foi n'ont pas su lui donner! La liberté, c'est l'homme même, et l'homme est atteint par le mal...

On a pris une circonstance passagère pour une règle de tous les temps. 1830 bannissait l'Église de l'ordre légal; vaincue par la Révolution, et, toujours au nom de la liberté nouvelle, l'Église fut enfermée dans un réseau de lois. On crut renverser cet échafaudage en venant demander pour Elle sa part légale dans cette liberté. Ceux qui, rompant la maille du libéralisme, surprirent alors quelques immunités pour l'Église, ont bien mérité de la Foi, ils ont acquis une gloire immortelle. Mais, cet état ne pouvait durer. Aujourd'hui que, furieux d'en avoir si long-temps attendu la ruine, les ennemis de l'Église voudraient l'*étouffer dans la boue*, faut-il leur en laisser la liberté parce que cette liberté servit un jour à les confondre? — Ce fut notre principe: nous demandions des libertés complètes, nous devons les demander encore. — Soyons fidèles à nos principes, mais d'abord recevons de l'Église les principes auxquels nous devons cette fidélité. « Ces doctrines sur la *liberté de la presse* et *des cultes*, écrit le Cardinal Pacca à M. de La Mennais, sont en opposition avec l'enseignement, avec les maximes et la pratique de l'Église.

Elles ont beaucoup *étonné* et affligé le S. Père. Si, en certaines circonstances, la prudence exige de les tolérer *comme un moindre mal,* de telles doctrines NE PEUVENT JAMAIS ÊTRE PRÉSENTÉES PAR UN CATHOLIQUE COMME UNE CHOSE DÉSIRABLE[1]. »

Penser qu'une liberté sans limite rétablira le règne de la Foi, et la fera chérir des hommes, c'est avant tout oublier ce qu'est l'homme. Pour assurer ce triomphe, certes, il ne faut point la contrainte : mais il faut l'appui de l'État, le respect de l'État, les exemples donnés par l'État, parce que le peuple est attentif à la pensée des grands; parce que le peuple veut toujours imiter ceux qu'il admire et dont il sent le pouvoir sur lui. La contrainte extérieure est absurde et abominable, parce qu'elle prend la place de la contrainte morale, de cette noble fille de la lumière et de l'exemple. C'est pour la liberté de notre âme que l'Église combat, en réclamant les exemples et la protection de l'État !. Mais l'absence de Théologie a réduit partout les questions à des proportions littéraires.

Si déjà la justice et la paix, si désirées des hommes, demandent sur la terre ces organisations puissantes qu'on nomme Gouvernements, combien plus encore faut-il assurer une protection à la Vérité, si méconnue, et si peu désirée des cœurs[2] ? La liberté pour l'Église ; oui d'abord si vous la lui avez ôtée, et si votre société n'est plus qu'une concurrence horrible entre le bien et

1. Lett. de S. E. le Card. Pacca à M. de La Mennais; écrite par l'ordre de S. S. Grégoire XVI. Rome, août 1832.

2. De glace pour la vérité, l'homme est de feu pour le mensonge.

le mal ; mais si, avec cette liberté, vous méprisez l'Église, si vous la laissez veuve du respect, des exemples et de l'amour du Souverain, vous la verrez mourir comme au sein des États protestants. Et, pour asseoir la liberté, rêver lorsqu'on est catholique, un Souverain protestant sur le trône de France, est une idée étrange, un triste expédient...

Tout provient d'une même illusion, d'une impression qu'on se cache à soi-même : on a moins confiance en l'Église qu'aux promesses de la liberté ! De cette liberté doit sortir l'avenir des nations, et l'Église ne le voit point...

XXVI.

De la Révolution naquit le néo-christianisme.

Entre ceux qui considèrent la religion comme une infirmité, une susceptibilité maladive de l'homme, et ceux qui voient sa gloire dans cet élan du cœur vers Dieu, dans ce retour de l'âme vers sa Cause première, il y a place à bien des systèmes, dont le plus odieux est celui qui voudrait abolir chez les hommes de pareils sentiments. Ecartez Dieu, l'homme n'a plus de comptes à rendre ; il n'est pas seulement libre, il est indépendant, il devient absolu, SICUT DII. En devenant fragment de la divinité, il doit être fraction de la Souveraineté : une telle conception aura ses retentissements[1].

1. Après Voltaire, d'Alembert et Dupuis, viennent Hégel, Feuerbach et Stirner, pour conclure « que Dieu est encore au néant, et qu'il « ne prend conscience de lui que dans l'homme... Que l'homme doit « s'adorer lui-même, car il n'a pas d'autre Dieu ; et que celui qu'on « imagine n'est qu'une abstraction destructrice de l'Humanité. »

Du point de vue d'une complète indépendance ontologique et religieuse, se déduit aussitôt celui d'une complète indépendance politique. Le passé, ses coutumes, nos principes, la Foi, deviennent des absurdités. Telle est, en soi, la thèse du libéralisme, la thèse qui part de la liberté pour nier toute loi. Rien de plus beau que d'être libéral, de plus mauvais que de fausser et de perdre la liberté par le libéralisme...

Avec le libéralisme n'espérez pas trouver votre point de suture, la liberté ne le fournira pas. Au fond vous demandez la liberté du bien, c'est-à-dire de l'Église ; au fond il vous demande la liberté du mal, c'est-à-dire de la Révolution. S'il désirait sérieusement la liberté, il la verrait d'abord dans un passé où pendant dix-huit cents ans le christianisme s'est appliqué à la faire croître dans les âmes, dans les droits privés et dans les droits publics des peuples, dans la famille et dans l'hérédité, dans la cité, dans la propriété, dans toutes ces institutions aujourd'hui abattues ou ébranlées de la main du libéralisme. Mais il a en horreur ce passé parce que le Christianisme, la liberté du bien, y pouvait triompher. Le libéralisme éclate en France aussitôt que le siècle dernier achève d'étouffer la Théologie. Ce fut la chute des grandes notions, la décadence de la pensée, la route faite au despotisme. Ce sont, au reste, les enfants du libéralisme qui viendront le servir... Hommes de trop de foi, alors seulement vous les reconnaîtrez ! Mais ceux à qui vous présentez la main préféreront le despotisme à la confession.

Or ici arrivent en foule les imaginations avides, dont la sincérité alimente la thèse de la Révolution. A la suite des cœurs révoltés contre Dieu, accourt la longue série des âmes éblouies par les *nouveautés* et dévorées par l'illusion. Rien ne leur paraît plus sensé que cette liberté nouvelle, que l'Église semble oublier!

Croire que l'on puisse confier la justice et les droits au bon vouloir des hommes : voilà le libéralisme; croire que l'on puisse leur confier la vérité : voilà le néochristianisme. C'est-à-dire que la première erreur engendra la seconde chez des âmes plus élevées, mais aussi inexpérimentées. C'est encore l'oubli de la Chute, encore de la politique faite en dehors de la Théologie.

Mais oubliant la Chute, on oublie ce qui vient de la Rédemption. Aujourd'hui, on ne voit plus le Christianisme, tant il est bien assimilé à la nature humaine. Pour les uns, la confusion est complète, et de là le socialisme; pour les autres, elle est partielle, et de là diverses écoles qui viennent expirer vers la Foi. Les philosophes attribuent à l'homme tout ce qui lui vient de la Grâce; les libéraux, au citoyen tous les droits qui lui viennent de la Société [1]! Eh! comment la politique et la philosophie échapperaient-elles à l'illusion lorsque, sur tant de points, des chrétiens la partagent?. Dernièrement, j'exprimais cette observation, lorsque M. l'abbé Noirot me dit : « Si la philosophie, si le monde aujourd'hui se trompe, c'est la faute du Chris-

1. Les anciens étaient grands par la tradition; et l'on vit succomber les peuples à mesure qu'ils la perdaient. Les modernes ne sont grands que par le christianisme; la liberté et la raison les quittent à mesure qu'ils veulent s'en éloigner.

tianisme, il a mis dans la nature humaine une puissance de liberté et de raison que l'on prend maintenant pour des faits naturels. »

L'Église n'a pu voir plus longtemps ses chers fils désunis sur ces questions graves. Elle a parlé ; il suffit de rappeler aujourd'hui des Paroles sacrées que les événements, sans doute, nous ont fait oublier.

Après avoir demandé « une *régénération* dans l'Église », le grand écrivain, condensant ses erreurs, ajoutait : « Nos vues tendent à unir la cause de l'Église à la cause de la liberté, par conséquent, à rompre l'alliance entre l'Église et les vieilles Souverainetés, [1] » etc. Et l'Encyclique de Sa Sainteté Grégoire XVI répondit : « Comme il est constant, « d'après les paroles du Concile de Trente, que l'Église « est instruite par Jésus-Christ et enseignée par l'Esprit « Saint, il est souverainement absurde et injurieux de « mettre en avant une prétendue *régénération* devenue « nécessaire à son existence »... Et ensuite : « De la « source infecte de l'indifférentisme découle cette « maxime absurde, ou plutôt ce délire, qu'il faut garan- « tir à chacun la *liberté de conscience*. On prépare la « voie à cette pernicieuse erreur par la *liberté d'opi-* « *nions* sans bornes ; et pour le malheur de la Société, « religieuse et civile, on répète avec impudence qu'il « en résultera un avantage pour la Foi. Mais qui peut « mieux donner la mort à l'âme, s'écrie S. Augus-

1. « ... Dès lors à détruire ce fait que, de part et d'autre, on croyait « avoir un égal intérêt à conserver. Je viens dire à l'Église : Séparez- « vous des Rois, tendez la main aux peuples, ils vous soutiendront de « leurs *robustes bras*..... La liberté de l'Église sortira de la liberté « des peuples... etc. » ... Introd., tome X[e] des OEuv. *Affaires de Rome*, pag. 25.

« tin, que la *liberté de l'erreur?* Tout frein étant ôté « pour retenir les hommes, leur nature inclinée suc- « combe au mal; nous pouvons dire avec vérité que le « puits de l'abîme est ouvert »... Et enfin : « De là le « fléau le plus mortel pour la Société, car, de toute « antiquité, les États qui ont brillé par leur puissance « ont péri par ce seul mal : *la liberté illimitée des opi-* « *nions*... Là se rapporte cette liberté funeste, et DONT « ON NE SAURAIT AVOIR ASSEZ D'HORREUR, la liberté de la « presse pour publier quelque écrit que ce soit, liberté « que quelques-uns osent solliciter avec tant d'ardeur! « Nous sommes épouvantés, Vénérables Frères, en « considérant de quelles erreurs monstrueuses nous « sommes accablés! O douleur! on a l'impudence de « soutenir que le déluge d'erreurs qui découle de là est « bien compensé par tout livre qui paraîtrait pour dé- « fendre la vérité! Quel homme en son bon sens dira : « Il faut laisser librement se vendre les poisons, les « boire même, puisqu'il est un remède tel que celui qui « en use parvient, quelquefois, à échapper à la mort [1]? »

Mais, avant de poursuivre, revenons à cette thèse d'une liberté qui devrait remplacer la Protection pour l'Église.

1. Encyclique *Mirari*, de S. S. Grégoire XVI, à tous les Patriarches, Archevêques et Évêques; donnée à Rome le jour de l'Assomption de la B. Vierge Marie, l'an 1832, 2e de son Pontificat.

XXVII.

L'Église a droit à la protection comme à la liberté.

Si par liberté pour l'Église, on entend qu'elle sera l'objet suprême de la sollicitude de l'État, qu'elle se verra entourée de son respect, de son amour, rien de plus juste, rien de plus sage. Si par ces mots on veut laisser au mal, à l'erreur, à la multitude de ses ennemis, les mêmes libertés qu'à l'Église, nous glissons dans l'abîme.

Eh! quoi, l'État protégera la justice, il protégera l'innocence, les arts, les sciences, la propriété, le droit, la liberté, et il ne protégera pas la vérité, cette liberté et ce droit de notre âme? Tout sera secouru, hormis la vérité? L'homme vaut moins, alors, que les choses qui sont faites pour lui. Mais il est évident qu'on n'y avait point réfléchi... Pour étendre la protection à tout, excepté à la vérité, c'est-à-dire à la base des lois, du droit et de la Société, il fallait là quelque grand préjugé.

Des chrétiens, des esprits qui, dès-lors, partent du dogme de la Chute, ne demanderont pour l'Église exactement que la liberté? la liberté pour la vérité et l'erreur pêle-mêle?. Et le penchant au mal qui l'emporte dans notre cœur sur le désir du bien! Il faut donc vous le dire : mettre la vérité en champ clos avec l'erreur, le bien avec le mal, la justice avec nos passions, c'est livrer la vérité à l'erreur, le bien au mal, la justice à nos passions... Je lus un jour ces mots de celui qui nous effraya par sa chute : *Le malheur est qu'on n'a pas assez foi en la puissance de la vérité!* Je vis tout à coup que cet esprit merveilleux ne possédait pas le premier mot de la science qui l'élevait au Sacerdoce [1]. Quelle illusion chez un théologien! Avoir la Foi et oublier les résultats de la faute d'Adam! oublier que l'homme livré à lui-même ne saurait arriver à la vérité et s'établir dans la justice, que l'Église est là précisément pour lui rapporter l'une, et l'Autorité pour lui assurer l'autre! Ne plus voir ce qui nécessite la constante intervention des sacrements, dans l'homme, et des lois, dans la Société! Enfin, perdre de vue que la vérité et la justice, réunies, ont une peine extrême à maintenir la Civilisation, à l'empêcher de rentrer dans la barbarie, où l'entraîne éternellement la Chute! La Chute! Mais la Société entière n'est établie qu'en vue de cet immense événement... On croit la Société chrétienne un fait entièrement humain, une chose toute naturelle : après l'Église, rien en vérité n'est plus surnaturel...

Les bons, organisés pour maintenir chez les autres la justice et la paix, voilà toute la Société. Et sans l'autorité qui le protége, comment le petit nombre chez les hommes produirait-il le miracle de contenir le plus grand?.. On ferme les yeux aux faits; il n'y a pas, sur la terre, de prodige plus étonnant après celui de la Grâce, qui nous y fait opérer le bien! L'Autorité

1. Cette illusion est à ce point le centre de nos erreurs contemporaines, qu'on la retrouve aussi naïve, trente ans après, sur les lèvres du libéralisme officiel. « On pensait donc qu'en laissant la vérité et le « mensonge aux prises, la vérité finirait par l'emporter. On avait dans « notre liberté, ajoute M. Thiers, une confiance, hélas! bien altérée « aujourd'hui. » (*Hist. du Cons. et de l'Emp.*, t. XVIII, p. 270.) La vérité aurait cette puissance si l'homme était innocent...

tire les hommes du néant de l'état sauvage ; ils y retombent aussitôt qu'ils repoussent sa main. Les civilisations anciennes, dont on a tant parlé, étaient le fruit d'une tradition et de l'Autorité, elles succombaient à mesure que s'affaiblissaient ces deux faits [1]. Trouvez une nation hors de l'Autorité, une Civilisation réelle hors de la Grâce et de la Vérité ! L'Autorité est le point qui excite le plus l'admiration des sages : après ces deux incomparables dons, elle est le don le plus précieux fait aux hommes.

En contenant le mal, c'est elle qui crée la liberté, qui conserve les droits et les biens acquis. *Toute justice vient du Roi* : c'est en ce sens qu'il faut l'entendre. Ne voyons-nous donc plus cette phalange sacrée qui, suivant les diverses fonctions, nous apporte la justice, le sacerdoce, l'enseignement, l'administration, les exemples, la bienfaisance, l'industrie et la production ? Il est des hommes qui, sans le Code, ne seraient jamais dans la justice, et qui, sans la force, ne seraient jamais dans la paix ; de même, sans le droit, sans la propriété, il en est qui consommeraient tout ce que produisent les autres, et en trois pas nous mèneraient à l'état sauvage. C'est à l'Autorité qu'on doit toute la Société ; pourquoi dès lors soustraire à sa protection la Vérité, sur laquelle, chez des êtres libres, tout le reste

1. Diminuez l'Autorité, et le bien diminue ; renversez-la, le bien s'arrête, la révolution commence, la foule cesse de travailler, s'abandonne à l'ivresse et entre dans le crime en raison de la durée de la révolution. Voilà, l'homme rendu à la liberté, redevenu ce qu'il est ! Et ne pas voir le fait, se laisser éblouir par les mots que trouve notre orgueil, c'est reprendre la route ouverte par les Girondins.

s'appuie?.. Certes! il faut être homme de bien pour comprendre ce monde, mais pas au point de n'y voir que le bien, surtout de croire qu'il triomphera sûrement si l'on nous laisse liberté entière. Dans ma jeunesse j'entendais dire que l'humanité ne rencontrait d'autre obstacle en ce monde que les gouvernements; que tout progrès y consistait à restreindre l'Autorité et à nous délivrer peu à peu de l'oppression des lois. Aussitôt que j'ai pu par moi-même voir l'homme, et l'étudier d'assez près, j'ai compris combien ces idées étaient vaines, et où se trouvait le bon sens.

Alors, ne voulez-vous aucune liberté? — C'est-à-dire que nous les voulons toutes, et d'abord celle qui les produit. Aucune liberté! Nous voulons la plus grande, celle que Dieu a faite pour l'homme, la liberté elle-même, la faculté d'accomplir de soi-même sa loi, le pouvoir de bien faire: ce que nous repoussons, c'est la facilité avouée de violer de soi-même sa loi, le pouvoir de mal faire, l'orgueil, plaçant l'homme au-dessus de Dieu! C'est parce que nous méprisons une liberté puérile, qui n'est venue au monde que sur les ruines des libertés positives, acquises par les peuples chrétiens; c'est parce que des insensés nous enferment dans une révolution qui aboutit de toute part au despotisme, et qu'il faut pourtant échapper à une servitude ou à une barbarie sans bornes, que nous réclamons la liberté réelle, cette liberté des enfants de Dieu qui fit naître les droits privés et les droits publics des peuples, ces droits que, par illusion et par égarement, vous avez renversés! Avec le bon sens, avec l'histoire nous demandons la liberté de ceux qui accroissent la Foi, les droits, la justice, la paix, la vertu, la charité et le pain chez les hommes; avec le bon sens, avec l'histoire nous repoussons la violence de ceux qui diminuent la Foi, les droits, la justice, la paix, la vertu, la charité, le pain! Il est aisé d'être logique et franc lorsqu'on part d'un principe, contrairement à une époque qui ne fait que répéter un mot; lorsque l'on sait que notre liberté est le pouvoir angélique du bien, l'instrument du mérite, et que, hors du mérite, elle expire! car, de là, se déduit la Société tout entière.... Et vous, montrez-nous vos principes jusque dans la racine; nous attendons vos métaphysiciens! De tant d'éclat dans le talent est-il sorti une lumière? Déjà vous subissez le sort des esprits littéraires. Pour résister à une époque, il faut être enraciné plus profond...

Les idées pures aujourd'hui nous abusent; on persiste à les interroger comme on l'eût fait avant la Chute. L'Homme est tombé; en vain Rousseau voudrait en invoquer la nature première, en rétablir les droits innés, retrouver les prérogatives d'un état d'innocence : ses *à priori* ne sont plus. Les idées philosophiques nous trompent; la Doctrine complète ne peut sortir que de l'Église, les idées politiques, que de l'expérience. Voilà pourquoi si peu d'hommes sont aptes à gouverner, et pourquoi la Providence nous procure, par l'Hérédité, des Rois préparés de sa main.... Croire à la liberté illimitée de la presse, de la conscience et des cultes, croire que l'on puisse confier la vérité, la justice au bon vouloir des peuples, n'est pas une ignorance légère, ou une illusion éphémère, mais l'erreur capitale, l'illusion qui déracinera la Chrétienté. C'est sur le principe opposé que la Civilisation s'est assise. Si au moment le plus alarmant, si lorsqu'elle a de la Protection un plus pressant besoin, ses premiers défenseurs déclarent qu'elle doit s'en passer, tout est perdu...

Il n'y a plus de traditions, plus de métaphysique, et l'on veut faire de la Politique ! Dans la Foi, il existe un trésor de lumière, mais on ne l'ouvre pas. On ne rencontre que des esprits littéraires. En France effectivement les phrases sont très-claires ; c'est la pensée qui est obscure, qui est toujours dans le néant. Aussi, que la moindre idée s'avance et se découvre entièrement, on crie à l'exagération. Mais tirez la vôtre des limbes, que nous la connaissions enfin [1]. Ne croyez pas défendre les principes parce que vous en présentez

1. Entrer dans toutes les questions sans Doctrines ni obéissance, comme le fait notre époque, est une grande frivolité. L'esprit, en France, dépouillé des principes par le siècle dernier, puis de la pensée, par le nôtre, se nourrit d'un pain doré, mais bien léger.

Détrompé sur la vérité, étourdi de l'éternel retour d'un langage vulgaire, empesé, mais brillant, le public ne peut plus distinguer le produit de la rhétorique du fruit de la pensée. Il abandonne la doctrine pour le discours. Notre esprit est tombé dans la servilité : la place du despotisme est faite. Après avoir frappé nos aristocraties politiques, la frivolité atteint la fragile tige de l'aristocratie de l'esprit. La vérité que fera-t-elle ? la rhétorique nous inonde, et couvre tout d'un émail emprunté à la langue. Idée vieille, idée fausse, idée nulle, sans ombre de réalité, tout revient et prend vie sous ce vernis banal.

Et c'est ce qu'on nomme talent... On ne vit que pour l'apparence. Nos thèses et nos livres, par le titre, la nature et la forme, semblent écrits par des marchands : tout dans la devanture, et rien dans la maison... La rhétorique achèvera d'énerver les notions de la Foi après avoir éteint, chez nous, jusqu'à la dernière idée philosophique. Elle a remplacé l'âme, elle a tué l'esprit, annulé la vérité même, elle porte le dernier coup à la Société française. La littérature est le linceul de la pensée. A cette heure elle descend dans la lâcheté, et nous pousse comme un troupeau aux portes de la barbarie.

quelques-uns. Les principes sont les branches d'un arbre : vous leur ôtez la vie si vous les détachez du tronc, et vous faites périr le tronc si vous offensez la racine. Montrez une doctrine sous tant de thèses empruntées à ces temps! Si l'on est à la fois privé de doctrines et d'obéissance, vous le sentez, il ne reste plus rien... Honneur aux personnes, à toute pensée magnanime, à toute noble intention; mais que les idées particulières s'effacent dans le danger commun! Le monde est à cette heure dans la crise fatale, l'avenir se décide demain. Le libéralisme et le gallicanisme vont cette fois périr, ou la Civilisation ne s'en relève pas...

Justement alarmée de l'invasion de ces erreurs chez les peuples chrétiens, l'Église, répétons-le, a élevé la voix. Dans l'Encyclique de 1832, S. S. Grégoire XVI, continuant, s'écrie : « Ces faits condamnent l'insolence « de ceux qui, enflammés de l'ardeur d'une liberté im- « modérée, travaillent à ébranler les Droits des puis- « sances, lorsqu'ils n'apportent aux peuples que la « servitude sous le masque de la liberté. Et nous n'a- « vons rien de plus heureux à attendre, ni pour la Re- « ligion ni pour les Gouvernements, en écoutant les « vœux de ceux qui désirent voir l'Église séparée de « l'État, la concorde se rompre entre le Sacerdoce et « l'Empire. Il est certain que cette union, qui fut « TOUJOURS SI SALUTAIRE AUX INTÉRÊTS DE LA SOCIÉTÉ RELI- « GIEUSE ET DE LA SOCIÉTÉ CIVILE, est redoutée de tous « les partisans d'une liberté sans frein.[1] » A coup sûr, on ne saurait nier que, parmi les prérogatives sacrées

1. L'Encyclique, *Mirari : idem*. 1832.

de l'Église, l'une des principales ne soit celle de discerner ce qui est nécessaire à sa défense, utile à sa conservation. Eh bien! puisqu'elle a prononcé, sera-t-il bien, sera-t-il sage d'ouvrir un avis opposé? Entendons-nous mieux que l'Église elle-même les premiers intérêts de l'Église? Hélas! ceux qui prétendent la conseiller restent si convaincus de s'être mis au bon chemin, qu'ils croient voir l'Église elle-même s'en écarter, s'écarter des voies de l'avenir! Elle aurait égaré sa boussole; 89 l'aurait trouvée, et le libéralisme se hâte d'en avertir la sainte Église... Il ne sent point qu'il dérive, il pense que c'est l'Église qui s'éloigne du bord : ainsi l'homme emporté par un fleuve rapide, voit le rivage fuir...

Non, quelles que soient ces menaces d'un schisme qui envelopperait les nations, l'Église, pour les flatter, ne les laissera point tomber dans un mensonge, dans un abîme qui les engloutirait. Et comme entre ceux qui chérissent l'Église, la bonne foi est profonde, la bonne foi est sans bornes, nous entrerons dans le sens des grandes paroles qui suivent le texte déjà cité : « Que « les Princes, nos très-chers fils, considèrent que ce « n'est pas seulement pour le Gouvernement de la « Société temporelle, mais surtout pour la PROTECTION « de l'Église, *que le Pouvoir leur a été donné*; que d'ail« leurs tout ce qui se fait pour l'avantage de l'Église, « se fait dans l'intérêt de leur puissance, dans l'intérêt « de leur repos. »

XXVIII.

La tolérance dans l'État, et non l'indifférence.

En parlant du devoir qu'a l'État de protéger la vérité, nous raisonnons comme on doit raisonner en Europe, dans cette portion du monde supérieure aux autres par la vérité, et qui n'est telle que par la vérité.

— Si l'État doit protéger un culte, la Prusse maintiendra donc le Luthéranisme et l'Angleterre l'Anglicanisme? — Oui, sans doute, tant qu'elles ne reprendront pas la vraie Foi ! car leur civilisation précisément se rattache à ce qui leur reste de vérité. Aussi, se gardent-elles de l'attaquer officiellement en proclamant l'indifférence. (Au reste, des publicistes sérieux ont récemment fait justice d'une civilisation trop vantée; mais il en resterait moins encore sans cet attachement si noble des États protestants et de leurs aristocraties au culte officiel. Tous les cœurs bien placés leur rendent, sur ce point, un hommage empreint de respect.) Certes, la Prusse et l'Angleterre ont dégénéré de la vérité, puisque l'une s'en rapporte à un homme plutôt qu'à Dieu, l'autre à une religion locale plutôt qu'à l'Universelle; mais la Prusse se garde bien de descendre au-dessous du Luthéranisme, et l'Angleterre, au-dessous de l'Anglicanisme : tout en usant de tolérance, ces deux États font leurs efforts pour écarter l'athéisme pratique et soutenir le niveau de leur foi. C'est en se rattachant à ce qu'elles croient le plus vrai, que ces Puissances se maintiendront plus près du Catholicisme, et non en proclamant une licence qui ferait écrouler le reste de leurs dogmes. D'ailleurs, c'est des classes supérieures, des têtes les plus éclairées, non des sectes obscures, que part tout retour vers la Foi. — Mais qu'ai-je dit? les États dissidents protégeront leur culte! Pour eux, d'abord, partant tous du libre examen, ils ne sauraient, sans rompre la logique et sans ruiner leur thèse, parler de protéger leur culte : ce qu'ils font cependant! Pour nous, ensuite, nous n'avons prétendu parler que de la vérité[1]...

La liberté de conscience et des cultes, avec laquelle on a détruit et la conscience et le culte, ne rétablira pas la Foi. A coup sûr, il faut tolérer, mais tolérer les personnes, et non pas toutes leurs doctrines! à coup sûr, il faut supporter des erreurs, mais aussi, confesser une vérité! Oui, il faut tolérer, mais non encourager, engendrer soi-même le faux par un officiel aveu de scepticisme. C'est la Révolution, elle, qui réclame une tolérance illimitée pour les doctrines : quant à sa tolérance pour les personnes, elle en donna trop la mesure en 93, pour qu'il soit nécessaire d'en attendre les nouveaux effets.

L'État évidemment ne saurait lui-même enseigner : mais, si le père de famille n'enseigne ni les humanités

1. Vérité, dont la noblesse est garantie par dix-huit siècles, et par les sacrifices toujours nouveaux de ses martyrs! En sa présence, faut-il que l'erreur, qui allume l'orgueil et souffle les passions, soit offerte à un être si faible que les leçons de l'éducation, sa propre conscience, ne peuvent dérober aux plus honteux penchants? Un père chrétien tolère-t-il chez lui l'homélie du sectaire ou le roman du jour? Ne ferme-t-il pas sa porte à tous les genres de poisons? Eh bien! n'est-ce pas le devoir du Souverain, du père de ses peuples?

ni la philosophie à ses fils, il veille du moins à ce qu'elles leur soient enseignées. L'État, enfin, ne saurait se montrer plus exigeant, plus impatient que Dieu, qui tolère, qui attend les personnes. Mais tolérance ne fut jamais indifférence; l'une existe pour la personne, et la seconde tue les âmes. On confond tout; on prétend fixer des principes, on n'a pas même des idées. Avant de tolérer le mal, commençons par proclamer le bien, par avouer le vrai, et par le protéger dans ceux qui nous l'apportent. Un État ne peut être sans foi; sinon la gendarmerie sera le fond de ses principes, fera seule exécuter ses lois.

Nous admettons la liberté de la conscience: mais nous voulons le droit de la vérité! Certes, la liberté est dans la conscience, mais c'est le don de Dieu; et elle y est pour que la conscience puisse d'elle-même obéir à sa loi, et non pour qu'elle puisse la repousser. Aurait-on l'infamie de jouer sur le mot? et, de ce que Dieu fait la conscience libre pour accomplir sa loi, prétendre qu'elle l'est pour la méconnaître et pour la rejeter[1]? La

1. On n'y a pas manqué. La feuille qu'on distribue en France au plus grand nombre d'exemplaires, publiait l'an dernier: « Quand il « serait prouvé que Dieu a donné mission à un Clergé de le représenter « sur la terre, resterait la question de savoir si, AU NOM DE LA « LIBERTÉ DE CONSCIENCE, chacun n'a pas le droit d'*accepter* ou de « *méconnaître* ce mandat! » Et pour fixer l'application de cette pensée merveilleuse, tout récemment la même feuille ajoute: « Nous « ne devons compte de notre parole qu'à Dieu »! s'écrie Mgr. de Bonald. « Oui, mais Dieu parle ici-bas par la voix des peuples, et non « par la voix des prêtres. » Et qui nous traduira la voix des peuples? Sans doute ces Messieurs.

Il est douloureux d'entendre parler publiquement des hommes qui ignorent les premières notions, et compliquent de folie l'ignorance du peuple.

liberté, encore une fois, donnée à l'homme pour le mérite, ne vit et ne s'accroît que sur le terrain du mérite. Hors de là, elle se soulève contre l'homme, au lieu de se lever pour lui. Que dis-je? à un pas de là s'ouvre l'abîme où elle disparaîtrait[1].

Définissons ici la nature de la Protection que l'État doit à la morale et au Dogme... Bien qu'en ce point la pratique soit tout, mettons en saillie le principe qui doit la diriger.

Prise dans ses limites, la lutte entre l'erreur et la vérité est nécessaire à la liberté même comme l'effort l'est à la vertu, utile aux bons comme les hérésies furent utiles à l'Église. La lutte contre l'erreur écarte l'indolence, entretient la ferveur, conserve l'énergie dans les âmes, en fait jaillir souvent la lumière et le zèle comme l'éclair de la nue. Enfin la Providence nous avoue qu'elle laisse quelque ivraie au milieu de son grain, et les Rois doivent gouverner la Société un peu comme la Providence nous gouverne elle-même. Or si la lutte de la vérité contre l'erreur est utile, la destruction de la vérité par l'erreur est non-seulement nuisible, mais le point que tout le monde veut éviter. Quand cette lutte empoisonne les âmes qu'elle doit ranimer, quand elle arrive à étouffer au sein des peuples la vérité sous le mensonge, elle sort des vues de Dieu, renverse la Civilisation. La licence est antisociale, et détruit la liberté même.

1. La moralité seule a engendré les droits au sein des Sociétés modernes. Les Civilisations élevées reposent sur des vertus. La vertu est l'hymen sacré du libre arbitre avec sa loi.

Une Civilisation ne peut abdiquer, devant l'individu, le droit d'éclairer la conscience publique. Toute Société ne reposant que sur des principes, ne se fonde que sur ce droit, et ne saurait y renoncer sans s'abdiquer elle-même. Voilà le principe, il est clair : mais il est absolu comme tous les principes, et la pratique est relative aux temps, aux mœurs, aux hommes. Reste donc la question de savoir de quelle manière la Société exercera ce droit. Or la réponse est simple, c'est celle qui se présente toutes les fois que l'on veut préciser l'usage d'une jouissance ou d'un droit, autrement dit : l'État exercera ce droit *en bon père de famille*. Un véritable père n'est jamais fanatique en son droit. De fait, les peuples se sont toujours montrés d'autant plus fanatiques qu'ils offraient un culte plus pauvre. La proportion demeure exacte : des puritains et des mormons, on passe aux Turcs, et des Turcs aux Indous. La tolérance fut révélée par le Catholicisme, qui nous apprit celle que l'on doit, non aux erreurs, mais aux personnes.

Nos lois civiles mêmes ont quelque chose d'absolu ; partout la Société demande que l'État la traite en bon père de famille : *summum jus*, *summa injuria*. C'est pourquoi, en dépit des légistes, le bon sens et les peuples se montrent toujours plus ardemment préoccupés de la question des Princes, que de celle des Constitutions par écrit. C'est la pratique qui nous importe. Enfin, c'est ici-bas que naît la liberté humaine, et au Ciel seulement qu'elle doit s'accomplir. L'homme n'est point si grand que la Révolution veut le dire, quand elle vient l'écraser d'une liberté absolue. L'homme a cette liberté qui commence, qui mérite, qui grandit avec la vertu, et non cette liberté angélique, cette liberté pleine qui, le constituant parfait, rendrait les gouvernements inutiles. Comme nous l'avons fait remarquer, ici-bas notre liberté est positivement dans l'état de l'enfance ; elle en demande et la surveillance et les soins. Nos lois, la Société, ont-elles une autre signification ? et font-elles autre chose que d'affaiblir ou d'écarter le mal pour mieux laisser passer le bien? Or le Pouvoir, par ses nobles exemples, étend et complète cette action, réduisant d'autant plus les dures nécessités du Code, accroissant d'autant plus notre vraie liberté qu'il l'affranchit tout à la fois de l'étreinte du mal et du respect humain.

Ainsi, la raison pure veut que la vérité triomphe, mais la raison pratique, qu'on en prenne la voie, qu'on écarte la pure contrainte, la force extérieure, pour faire place à la conviction, à la force intérieure, et que l'État enfin travaille à fonder celle-ci pour mieux éloigner l'autre. Le bien avec la liberté possible, et non la liberté sans le bien, telle est la mesure de la Protection que l'on doit assurer à la morale, et à son fondement, le Dogme. En tout, procédons des principes, puis, entrons dans le bon sens et dans les faits, où gît l'application des principes. La liberté et la vérité sont nées évidemment l'une pour l'autre, mais avec cette distinction radicale : qu'on ne saurait aller de la liberté à la vérité, comme le veut la thèse protestante, mais de la vérité à la liberté, qui est la gloire des enfants de Dieu.

M. de La Mennais conseillait lâchement à l'Église de séparer sa cause de celle du Pouvoir, pour n'en point partager l'impopularité auprès des hommes de l'époque : des courtisans conseilleraient au Pouvoir de séparer sa cause de celle de la Foi, pour ne point non plus hériter des haines qu'elle rencontre dans le vulgaire. C'est, d'un côté, sacrifier la souveraineté, de l'autre, sacrifier la vérité, abandonner l'Église ; de part et d'autre, commettre une stupidité, diviser ce que les siècles ont lié, séparer ce que Dieu a uni [1] !

Pour achever d'éclairer la question, il suffit de poser celle de la distinction des deux Puissances, question dans laquelle nos écrivains, nos légistes, courent droit au despotisme...

XXIX.

La distinction des puissances.

Les mots, dans un siècle de littérature, exercent sur l'opinion une plus grande influence que les idées. Ils s'enfoncent dans les esprits, et sans en faire jaillir de lumière. Ce terme de séparation des deux Puissances nous abuse profondément. Et d'abord, la distinction des deux Puissances n'en est point la séparation absolue. Que l'une offre les Dogmes pour asseoir la vertu, les mœurs, toute la Société ; que l'autre les reçoive avec indifférence, ou les laisse officiellement en butte à l'erreur, et voilà, non pas une séparation, mais une

1. « C'est bien le moins, s'écriait Calvin lui-même, que ceux à qui Dieu a donné le glaive et l'autorité, ne permettent point qu'on blasphème la foi en laquelle ils sont enseignés ! » *Lettres franç. de Calvin*, éd. B., t. II, p. 20.

dissolution qui atteint la Civilisation même. La philosophie démontre la distinction de l'âme et du corps, elle n'en proclame point la séparation, qui est la mort. Le corps protége l'âme, protége l'homme même; leur parfaite union est la vie. Mais ici, comme ailleurs, la vérité nous abandonne et fait place à la confusion.

Séparation entre les deux Puissances? oui, dans l'ordre politique, dans l'ordre des Puissances. Mais dans l'ordre moral, et même dans l'ordre civil, le fait change de caractère! Comment les mœurs pourraient-elles être séparées des croyances, ou les lois être séparées des mœurs sans ramener les Sociétés sous un despotisme semblable à celui de la Rome païenne? La liberté moderne, la liberté de l'homme, est toute dans cet ordre social fondé par le Christianisme, où les lois découlent des mœurs et les mœurs des croyances. Et c'est ainsi que notre âme a l'empire, que le pouvoir, au fond, appartient à la conscience. Séparez ici le spirituel du temporel, c'est-à-dire les croyances des mœurs et des lois, vous renversez de fond en comble la Société moderne. Au lieu de reposer sur la conscience, la voilà de nouveau assise sur le pouvoir absolu [1]. Dans l'ordre politique, au contraire, cette séparation des deux Puissances est le Catholicisme même, est tout notre triomphe; ici leur réunion serait la confusion, confusion qui devient un schisme lorsqu'elle est partielle, et un retour au paganisme lorsqu'elle est absolue.

1. Cette séparation des deux Pouvoirs n'a lieu que chez les peuples et dans les pays catholiques. Partout ailleurs, en Allemagne, en Angleterre, en Russie, en Chine, et dans le reste, la même main tient le sceptre et fixe le dogme. Et l'homme cède à l'homme, c'est-à-dire qu'il n'obéit plus...

La séparation du Spirituel et du Temporel dans l'ordre politique, leur union dans l'ordre moral, sont pour le même but, concourent à la même fin. Une semblable séparation n'est au fond qu'un admirable accord dans l'intérêt de notre âme!

Or, la séparation des deux Puissances fut opérée de droit il y a dix-huit cents ans, et, de fait, même avant que Constantin eût abandonné Rome. C'est sur ce droit, c'est sur ce fait que repose la liberté de conscience : laquelle ainsi fut soustraite à César. Mais Jésus-Christ l'a opérée pour délivrer la conscience et non pour qu'elle soit abandonnée. Cette précieuse séparation, par Jésus-Christ, ne saurait s'étendre à l'ordre moral et civil sans nous séparer nous-mêmes de Dieu. Jésus n'est point venu dépouiller l'âme de sa loi. Séparez-moi de la force, ne me séparez pas de la vie! Dieu a voulu nous délivrer, enlever notre conscience à César, à qui elle était liée : « Rendez à César ce qui est à César, mais à DIEU CE QUI EST A DIEU... » Et la séparation opérée, la conscience rendue à Dieu, la scission ne peut se poursuivre au sein de la Société humaine ; la conscience a besoin d'y retrouver sa loi en pleine vie ; sinon la Société même se verrait séquestrée de Dieu !... Sans s'élever dans la Théologie, sans découvrir tout notre but, comment le siècle peut-il débrouiller une question de cette importance?

1. « Qu'est-ce donc que l'ordre social, s'écrie l'éloquent, l'admirable Évêque d'Orléans, et comment l'entendez-vous? Est-ce que la « Société humaine n'est pas aussi de droit divin? Et quelle est cette « incompatibilité nouvelle, qu'après dix-huit siècles de christianisme, « vous venez proclamer entre le Christianisme et l'ordre social? »

Les deux Pouvoirs se séparent, en ce sens que le temporel ne saurait imposer la loi spirituelle comme ses propres lois : ce serait annuler la séparation et ressaisir la conscience. Mais s'il ne peut imposer cette loi, il peut la protéger. Il peut en défendre la vie, en soutenir l'honneur, et l'asseoir dans tout son empire. Et, comme il ne saurait subsister lui-même si cette loi ne s'accomplit, il veut lui-même en être le noble défenseur : le bras fut placé si haut pour protéger la tête. Mais demander que la séparation soit totale, c'est déclarer que la puissance spirituelle est exclue de la Société, c'est tomber dans l'abîme qu'on voulait éviter. La puissance spirituelle écartée, on passe sous celle de César. Avec la proscription du droit chrétien, l'ère du césarisme commence : c'est à la fois ici l'histoire ancienne et l'histoire moderne. Les hommes répètent, sans le comprendre, que cette grande séparation a été le salut de l'Europe moderne : ils devraient dire, l'origine! Mais, en la façon dont on l'entend, il faudrait dire qu'elle en sera la rupture et la mort...

Pas de théocratie, c'est-à-dire de Pouvoir politique qui soit le prolongement du Pouvoir spirituel : et pas d'absolutisme, c'est-à dire de Pouvoir spirituel qui soit un prolongement du Pouvoir politique! Et c'est ce qu'a fait Jésus-Christ. C'est ce qu'il a voulu, ce que demande l'Église, et au fond tous les hommes. En écartant le premier des deux faits, le Sauveur écarta le second; il détruisit deux puissantes erreurs. La religion de Mahomet est une théocratie, l'autorité du Czar est un absolutisme, et tout gallicanisme pratiqué par l'État oscille entre ces deux termes du despotisme [1]. Mais si Jésus-Christ ne voulut pas la théocratie, il voulut moins encore l'absolutisme, puisqu'il sépara les Pouvoirs, rendit à la conscience la liberté des enfants de Dieu; et ici se dévoile un des sens de cette admirable expression.

Celui qui tient le corps ne doit pas tenir l'âme : car il ne tient le corps que pour protéger l'âme et la servir. Sinon, quelle serait la mission du Pouvoir dans une Société où les âmes sont libres et sous la conduite de Dieu?.. L'État qui ne défend pas la vérité, défend l'erreur, ou du moins paraît la défendre aux yeux des foules, ce qui produit un effet tout aussi désastreux.

XXX.

Les Encycliques, et la liberté de conscience, de la presse, et des cultes.

Avançons à la lueur de ce principe tout divin que la métaphysique donne, le seul que la raison puisse avouer, à savoir : que la liberté est le pouvoir du bien, alors qu'on a la possibilité du mal; le pouvoir en un mot d'accomplir de soi-même la loi, pouvoir qui est l'attribut de Dieu, et qui lui rend l'homme semblable. Car, cette possibilité du mal n'est ni un complément ni un attribut de notre liberté, mais une imperfection, une

1. « La Théocratie, dit un esprit tout à fait étranger à nos vues, « en attribuant au Pouvoir une origine spirituelle, plaît aux esprits « élevés; mais elle renferme un poison caché : elle ne peut produire « que des pouvoirs absolus. » (*Rev. des Deux-Mondes*, 15 octobre 1860.) En France on trouve à tous les pas des hommes de talent; c'est la doctrine, c'est la conception qui leur manque. La rhétorique et les sciences ont miné les esprits.

débilité, une absence. L'homme, avons-nous dit, commence sur cette terre ; il n'y est qu'un enfant ; il en demande et la surveillance et les soins : et la Société est pour lui une mère.

Il y a un fait qu'on ne veut plus comprendre, c'est celui de la Société. On ne voit que l'homme, l'homme avec sa liberté, la raison et la grâce, et l'on croit que cela suffit : les gouvernements n'apportent qu'une entrave, l'Autorité ne produit rien... C'est une négation de la Société. La liberté aveugle des esprits trop faibles, et le reste disparaît pour eux. Enfin, nous ne pensons qu'au moi ! Quand la philosophie et l'amour à la fois se retirent, notre horizon se rétrécit. Avec ces idées littéraires on a brisé les doctrines, on a ruiné les principes, on a épuisé la raison.

Ceux qui manquent la question de la Société, qui croient que la liberté suffit à tout et suffirait à l'Église, devaient naturellement réclamer la liberté *de conscience, de la presse et des cultes*. Les trois points s'engendrent en effet : toute illusion d'ailleurs ne peut subsister que complète. Cependant il était très-aisé de voir qu'on tombait pleinement d'accord avec la Révolution, que l'on demandait après elle l'indifférence de l'État... Dieu nous garde effectivement de son intolérance ! mais que reprocherait à cette thèse l'auteur des mots : *la loi doit être athée*, qu'un politique du dernier règne et un légiste de celui-ci nous ont complétés de la sorte : *l'État, l'enseignement doivent être laïques ?* au fait, toutes les idées de l'époque ?... Un État ne peut pas être sans religion ; il tomberait au-dessous de l'État antique, toujours appuyé sur ses Dieux. Heureusement pour nous, ces quatre points : liberté de conscience, liberté de la presse, liberté publique des cultes, et liberté toute pareille pour l'Église, ce qui veut dire abandon par l'État, ont été frappés par les condamnations réitérées du Saint-Siége.

Dans ses Brefs ultérieurs, S. S. Grégoire XVI ne fait exactement que rappeler la gravité des censures infligées par l'Encyclique *Mirari*. Et d'abord, voyez le Bref du 5 octobre 1833, adressé à l'Évêque de Rennes. M. de La Mennais demande en quels termes il peut le mieux exprimer son obéissance au Saint-Siége : « A « cela, Nous ne répondons qu'une chose : qu'il s'engage « à suivre *uniquement*, *absolument*, la Doctrine exposée « dans notre Encyclique ; à *ne rien écrire*, à *ne rien* « *approuver* qui ne soit conforme à cette Doctrine, sui- « vant en ceci l'exemple d'hommes remplis de sainteté « qui *recoururent*, selon l'expression de S. Damien, « *à l'enseignement de Pierre*. » Et plus loin, à lui-même (Lettre de S. S. Grégoire XVI du 28 décembre 1833) : « Employez les dons du talent que vous « possédez si éminemment *pour que les autres pensent* « *et parlent tous suivant la Doctrine tracée* dans notre « Encyclique. » Et, dans l'Encyclique nouvelle, de 1834, où, s'adressant encore aux Évêques du monde, le S. Père s'écrie : « Accueillez notre Encyclique du « 15 août 1832, où nous annoncions à l'universalité des « Brebis catholiques la saine Doctrine, *la seule qu'il* « *soit permis de suivre sur* CHACUN DES POINTS QUI Y « SONT TRAITÉS. » Or, l'on connaît ces points ! Et enfin : « Nous avons été vraiment saisi d'horreur, et avons « compris à quel excès emporte la science qui est selon

« l'esprit du monde. Quoi! au mépris de la foi jurée, « l'auteur a entrepris d'ébranler la *Doctrine que nous « avons définie*, soit sur *la soumission due aux Puis- « sances*, soit sur l'obligation de *réfréner la liberté « illimitée de la presse*, soit enfin sur *la liberté de « conscience*, liberté si condamnable [1]! De plus, il re- « présente l'Autorité des Princes comme contraire à la « loi divine, et il flétrit ceux qui président aux choses « divines comme s'ils avaient conclu avec eux une al- « liance contre les droits des peuples! Non satisfait « d'une pareille audace, il veut qu'on impose par la vio- « lence cette liberté absolue d'*opinions*, de *discours* et « de *conscience*... Dissimuler, par notre silence, un si « funeste coup porté à la sainte Doctrine, nous est « défendu par Celui, etc.; c'est pourquoi, après avoir « entendu nos Vénérables Frères les Cardinaux, *de « notre propre mouvement, de notre science certaine*, « de TOUTE LA PLÉNITUDE DE NOTRE PUISSANCE APOSTOLIQUE, « nous réprouvons, condamnons et voulons qu'à perpé- « tuité on tienne pour réprouvé et condamné, etc. [2] »

Franchement, tous ceux qui parmi nous renouvellent ces thèses, *n'écrivent-ils rien*, et *n'approuvent-ils rien* qui ne soit conforme à la sainte Encyclique? Conscien- cieusement, entrent-ils dans la seule Doctrine *qu'il soit permis de suivre sur chacun des points* qui y sont traités? Emploient-ils leur savoir *à ce que les autres*

1. De la distinction de l'Église et de l'État n'en découle point, nous l'avons vu, la séparation. Encore une fois, on démontre en philoso- phie la distinction de l'âme et du corps, et leur séparation serait tout autre chose... Mais notre époque est plus savante que cela!

2. Encyclique *Singulari:* du 7 juillet 1834.

pensent et parlent suivant la Doctrine tracée, appliquant leur talent à en développer *tous les points définis*, soit sur la *soumission due aux Princes*, soit sur la *liberté sans borne de la presse*, la *liberté de conscience et des cultes?..* Je crains, s'il faut livrer une inquiétude, que, rêvant des alliances impossibles, on n'ait encore en ce moment, moins de confiance dans la doctrine du Saint-Père qu'en celle de la Révolution[1]...

Pour l'époque, c'est la pierre d'achoppement! Où aller? les idées sont interrompues, on ne voit plus de doctrines? Les esprits se fatiguent à quitter des erreurs pour les reprendre encore, à s'écarter de la Révolution pour se remettre dans son chemin. Le scepticisme gagne les âmes, elles perdent confiance en la vérité. Oui, c'est la pierre d'achoppement! D'abord, le nombre déjà si faible de ceux qui ont conservé les principes, est encore divisé par ces opinions; ensuite, elles offensent une Doctrine qui semblerait accueillir des idées qu'elle aurait jusqu'ici méconnues. Enfin, et c'est le pire, elles justifient les tendances de la Révolution chez cette masse honnête, mais impersonnelle, qui sert alternativement d'appoint à l'ordre et aux révo-

1. Le Pape, nous assure-t-on, *n'est point infaillible en politique*. Bien : mais en morale, d'où découle la politique? Et prenez-vous pour de la politique la position qui sera faite à l'âme au sein des Sociétés chrétiennes, ou ce qui fait la substance, la constitution même de ces Sociétés? Et le Pape lui-même violerait l'Infaillibilité, en étendant ses jugements sur les matières qui lui échappent? Le Jansénisme aussi avait ses fines réparties. « Le Pape, disait-il, n'est point l'Église; ou, « son infaillibilité n'est point là. » Non, la racine n'est pas l'Église, ni la cause l'effet! Mon Dieu! que de témérité à croire que le Pape soit éclairé sur son droit et sur ce qui convient à la défense de l'Église?...

lutions[1]. Où vont tous ces démembrements? il serait navrant de calculer ce qui reste de vie au monde, de forces à la Civilisation.... Mais remontons dans l'espérance, auprès d'un Dieu que nous verrons intervenir, s'il veut encore conserver un monde qui, de lui-même, ne pourrait se continuer. Ailleurs nous avons signalé le péril de la situation économique, indiqué la pente fatale sur laquelle on lance les peuples; ne pensons aujourd'hui qu'au péril de la situation morale! Que ceux qui ont reçu la Foi, s'ils n'en ont le génie, aient du moins le bon sens d'en embrasser les conséquences! La Foi n'est pas un vêtement, une façon d'écrire, mais une âme nouvelle ajoutée à notre âme; elle nous revêt de l'homme nouveau.

Liberté complète des cultes, quelle confiance en l'homme!... Mais ce sont les questions de l'époque, ce sont celles qu'il faut vider.

XXXI.

L'homme a droit à la vérité dans les États chrétiens.

Après avoir replacé sous nos yeux des Paroles qu'il importe, à cette heure, de ne plus oublier, faisons une dernière observation sur cette *liberté des cultes*, dans l'espoir où nous sommes que le lecteur sincère a partagé précédemment nos sentiments, d'abord sur la li-

1. La Révolution ne tarda pas à s'enorgueillir des premiers pas que fit vers elle M. de La Mennais. Ceux qui la mènent à cette heure n'oublièrent point, dernièrement, de réclamer pour eux les disciples, en politique, que nous a laissés l'écrivain.

berté de notre âme, ensuite sur celle de la presse, enfin sur la pensée qui prétend que la liberté doit suffire à l'Église. Les trois thèses sortirent de ce fleuve d'illusions et d'erreurs qui grossissait de jour en jour pendant le dernier règne. Celle de l'athéisme de la loi, de la séparation complète entre l'Église et l'État, ou de la liberté des cultes, a la même origine. Évidemment nous voulons tous la liberté de la conscience, mais aussi le droit de la vérité!

La liberté des cultes! n'est-ce point là trop de candeur? Si l'homme pouvait si bien choisir son culte, il n'en aurait pas tant besoin. Et l'attrait naturel du vice, et l'effort surnaturel qu'exige la vertu? Toujours la même ignorance de la nature humaine, de sa situation réelle ici-bas. Cette inadvertance est un fléau sur notre époque. En proie à l'orgueil, à l'ignorance, à toutes les misères, à toutes les passions, l'homme est une créature trop fragile et trop précieuse, son âme a trop de droit à la protection, trop de droit à la vérité au sein des Sociétés chrétiennes, pour y rester abandonnée aux entreprises du mensonge, à celles de la méchanceté. S'il faut protéger son esprit contre la presse, il ne faut pas moins protéger sa raison contre l'hérésie, enfin, pouvoir sauver son âme. Avec le droit de choisir tous les cultes, on choisira toujours le plus bas... Voyez-vous l'homme possédé du désir de la justice et de l'amour de la perfection? Alors, pourquoi la religion? pourquoi vos lois, votre police, pourquoi votre Société? On ne peut sortir du dilemme...

L'État offrira la liberté à tous les cultes, et tous les *honnêtes* gens prendront cette liberté politique pour une liberté théologique, et comme si l'on pouvait être indifféremment, devant Dieu, catholique, déiste ou athée. Prouvez à la foule qu'elle doit faire mieux que l'État! De cette liberté des cultes, elle déduira qu'il ne faut aucun culte. Nous perdons le bon sens chrétien, c'est-à-dire le bon sens moderne. De grâce, évitons au peuple les suites de toutes ces démences, dépouillons-nous enfin d'un vil libéralisme. Et si l'État se persuade qu'il n'a aucune charge d'âmes, aucun droit d'enseigner, qu'il comprenne aussi qu'il n'en a aucun pour détruire tout enseignement. Entre Dieu et l'homme, il y a des rapports immuables, qui précèdent en quelque sorte les temps et qui suivront les temps, rapports indépendants des mesures que la politique peut prendre à l'égard de la Religion, qui est l'expression de ces rapports. Et si l'État prétend faire abstraction de cela seul qui ait en l'homme une valeur éternelle, qui soit d'ailleurs le but de cet être étonnant, le but de la Civilisation, il témoigne d'une sinistre ignorance, il entre lui-même dans la voie qui mène à sa destruction. D'où sort l'anarchie politique, sinon de l'anarchie des croyances?

En elle-même, la vérité est intolérante comme les mathématiques; elle ne peut déclarer qu'une ligne droite soit courbe, ni que deux et deux fassent cinq. La loi divine étant donnée, la Foi ne saurait faire qu'elle ne soit point la Loi; que la justice ne soit pas la justice; que le bien ne soit pas le bien, et que l'homme se puisse sauver en ne le pratiquant point. Ce n'est pas tout, elle ne peut se dispenser de le déclarer hautement, et de proscrire une absurde, une lâche liberté de conscience. Vouloir qu'en présence du vrai, la Foi laisse la pensée libre de ne le point croire, qu'en présence du bien, elle laisse le cœur libre de ne le point aimer! vous n'y aviez point réfléchi... Et si tel est le devoir de la vérité, croyez-vous qu'il n'y en ait aucun pour l'Autorité?

Oui, l'homme a le droit d'adhérer de lui-même à la vérité, afin d'en avoir le mérite, mais il n'a pas le droit de s'en écarter sciemment pour pratiquer l'erreur et préférer le culte qui déprave son âme ou la prive de biens qui seront éternels : et l'État a moins encore le droit de prêter les mains à une pareille iniquité, à une pareille destruction de la liberté de nos âmes. Or, en proclamant l'indifférence politique, n'est-ce pas ce qu'il pratique officiellement? Indifférence, conséquemment scepticisme, conséquemment anarchie.. et l'État saura bientôt lui-même s'il peut séparer à ce point l'ordre naturel, sur lequel il prétend s'établir, de l'ordre surnaturel, d'où découlent ce devoir et cette obéissance sur lesquels il est en définitive établi! L'État n'est pas une brute, l'État doit reconnaître une vérité! la moralité du peuple le veut. L'homme en Société a droit à la vérité de la part de l'État. On ne demande, il est évident, ni l'inquisition ni la licence, mais la profession de cette vérité. Quand un pays est sain, on l'environne avec soin d'un cordon sanitaire. Mais quand l'épidémie, mais quand l'erreur l'a envahi, on cherche par l'exemple, par le zèle et la charité, à ranimer une vérité expirante. Au reste, comment recourir à l'inquisition quand on a vu la manière dont en abusaient les pouvoirs politiques[1]?

1. « Beaucoup en ont parlé, mais peu l'ont bien connue », a-t-on

La liberté des cultes peut-elle réellement descendre jusqu'à la faculté d'admettre tous les cultes? Non, évidemment.. Eh bien! que le Pouvoir s'élève jusqu'à la mission de reconnaître le vrai culte; qu'il s'élève à l'honneur de le pratiquer! A cette incomparable Église qui place elle-même les cœurs dans la justice, dans l'obéissance et la paix, à cette Église qui lui fournit la Société à peu près faite, qu'il accorde du moins le se-

dit de l'inquisition. Ici ce sont les faits que surtout on ignore. Les Papes ont eu constamment à se plaindre de la manière dont les Princes la pratiquaient. En Espagne d'abord, elle fut à tout instant soustraite à l'autorité du Saint-Siége, c'est pourquoi les Papes en ont déploré les excès et allèrent jusqu'à invoquer la piété de cette nation pour modérer ses rigueurs. « Dès l'origine, dit le R. P. Franco, citant Llorente, Sixte IV fit au roi Ferdinand des observations si vives sur la manière dont on exerçait l'inquisition en Espagne, que les deux cours en vinrent à l'inimitié et suspendirent mutuellement leurs relations diplomatiques. Ce Pape obligea les inquisiteurs de Séville à introduire les évêques dans leur tribunal, et s'opposa à l'établissement de tout tribunal d'inquisition dans les autres provinces. Enfin il nomma un Juge papal d'appel pour recevoir les réclamations de ceux qui auraient été injustement ou trop vivement persécutés. Il voulut même que. des sentences d'appel on eût recours directement à lui; il supprima des procès, mitigea des peines et conjura le Roi et la Reine, « *per viscera Christi* », de se montrer plus miséricordieux envers leurs sujets. Léon X, à son tour, excommunia plusieurs inquisiteurs qui avaient agi avec trop de sévérité, et entre autres ceux de Tolède en dépit de Charles-Quint. Ce prince voulait empêcher tout recours à Rome. et étudiait les moyens d'éluder les effets des trois Brefs du souverain Pontife. Plus tard, Paul III et Pie IV continuèrent les mêmes efforts pour maintenir la mansuétude en Espagne. Les Papes veillèrent en tous temps à ce qu'on rendît l'honneur civil et les biens temporels à ceux qui avaient été condamnés, et surtout à ce que leurs enfants ne fussent point lésés; fréquemment ils recommandèrent aux inquisiteurs d'absoudre secrètement les inculpés disposés à la pénitence pour les soustraire aux peines civiles. En février 1486, rapporte Llorente, le souverain Pontife en fit absoudre un grand nombre »...., etc. (*Obiezioni cont. la Relig.*, del R. P. S. Franco. D. C. D. Gesù.)

cours de sa loi et de son amour avéré! Puisque la liberté des cultes ne saurait s'entendre comme la faculté de n'en avoir aucun, qu'il se fasse une gloire de posséder le véritable! On ne lui demande pas d'imposer la vérité, mais de l'honorer pour que les hommes se l'imposent. Ce n'est point pour nous abaisser au scepticisme, mais pour nous élever à la foi de Celui qu'on *adore en vérité*, que la LIBERTÉ fut donnée à l'homme, l'AUTORITÉ à ceux qui viennent le gouverner. L'État doit protection à la morale, il la doit donc au dogme... c'est la logique qui lui parle! Or cette protection de sa part, C'EST L'AVEU DE LA VÉRITÉ; et l'aveu de la vérité, l'exclusion d'une profanation, d'une prostitution des cultes publiquement avouée. « Que le souverain se « souvienne, dit l'Encyclique, dans sa langue élevée, « que c'est surtout pour la protection et la défense de « l'Église que le Pouvoir lui a été donné! »

XXXII.

Idée de l'État ; son devoir.

L'État doit avant tout l'exemple : et c'est uniquement lorsque les hommes franchissent la loi morale au point d'entamer la loi civile ou la loi politique, qu'il doit la répression.

Car pour lui cette répression est le second devoir, et, qu'on l'observe bien, le côté le moins noble de ses hautes fonctions. Mais, il ne saurait diminuer la répression qu'en étendant, par ses exemples, le pouvoir de la vérité. C'est ici qu'il révèle un véritable libéralisme. Il agira en même temps dans l'intérêt de la vérité, sans laquelle il n'y a plus de liberté, et dans celui de la liberté, sans laquelle il n'est pas de mérite en l'homme. Voilà pourquoi l'État ouvre d'abord la source de conviction dont il dispose : l'exemple et l'aveu de la vérité.

Les peuples eux-mêmes honorent les gouvernements qui remplissent ce grand devoir, car ces gouvernements sont les amis du peuple, les bienfaiteurs des nations. Il est clair que l'État qui accueillera toutes les erreurs aura d'abord pour lui la foule, où elles règnent dès qu'on les lui fait voir ; qu'il soulèvera moins d'embarras, rencontrera moins de difficultés, si sa lâcheté le désire ; et qu'au contraire, l'État qui défendra toutes les vérités, multipliera les difficultés et sera, non pas d'autant plus faible, mais, au début, d'autant plus attaqué. Il ne sera plus faible que s'il le fait sans l'avouer... La vérité dissimulée, offerte avec timidité est une preuve ineffaçable de faiblesse. Quand on possède le noble droit de la défendre, il faut d'abord l'exercer, mais ensuite le déclarer ouvertement, pour que les hommes en soient bien avertis, et qu'ils apprennent en même temps à s'y soumettre et À VOUS ESTIMER. C'est sur ces points, les plus élevés et les plus délicats, que les peuples prendront surtout l'idée de votre force.

Pour agir en père de famille, l'État éloignera donc à la fois, comme nous l'avons vu, la licence absolue et ce qu'on pourrait appeler la protection absolue. Si la première est un principe désastreux, la seconde est une voie dangereuse. Mais si la théorie pure, privée d'expérience, amène le fanatisme, l'indifférence pure, née de la lâcheté, amène l'athéisme brutal et la destruction des États. La Sagesse seule est complète, et devient la reine du monde aussitôt qu'elle y apparaît! Elle y réunit la loi pure à l'expérience, la vérité à la bonté et à la fermeté. Les Livres Saints et les nations l'ont appelée le plus précieux don du Ciel, et la plus grande chose de la terre.

Telle est la thèse qui découle de l'expérience et de la notion métaphysique de notre liberté, la thèse qui réunira tous les esprits pratiques, honnêtes et sensés. Personne, encore une fois, ne demande ni la licence ni l'inquisition; mais, toute la liberté que comporte le bien, et non la liberté sans le bien. Dans cet emploi des soins qui feront triompher la vérité sur la contrainte, ou la force morale sur la force brutale, nous trouvons l idée de l'État et de son devoir : car là est l'idée de la Civilisation elle-même.

L'État, avons-nous dit, doit avant tout l'exemple; la répression est le second devoir, et le moindre côté de ses nobles fonctions. Les hommes ne lui ont point été confiés pour qu'il les abandonne, et attende leurs fautes afin de réprimer. Triste conception de l'État, si c'est la nôtre! qu'elle suppose peu de fierté!... Avoir une morale pour ceux qui gouvernent, et une pour ceux qui sont gouvernés, est un crime de haute politique, une source profonde de démoralisation. Quoi! pour l'individu, rien de plus cher que la vérité, et pour l'État, rien qui lui soit plus indifférent? Que les gouvernements se relèvent; qu'ils sortent de l'humiliante situation où veulent les jeter les idées trop faibles des hommes! Ne possédant sur les consciences d'autre pouvoir direct que celui de la vertu, et la volonté hautement exprimée d'en protéger partout l'empire, que l'État exerce du moins ce pouvoir dans son étendue, qu'il prenne en main son propre sacerdoce! Qu'il soit le *ministre de Dieu*, qu'il reste à la hauteur de ces États chrétiens qui firent la grandeur et la prospérité des nations modernes! Et que l'époque, qui déjà définissait la liberté, le pouvoir de faire le bien et le mal, n'aille point prétendre que la liberté de conscience soit celle de n'avoir point de conscience, ni définir l'État, le pouvoir de laisser tout faire.

Ceux qui précipitent les choses sur cette pente malheureuse, qui prétendent que les États doivent être désintéressés dans la question de la vérité, se borner à la répression, ne comprennent donc point qu'ils les vouent au mépris?.. Les États resteront-ils victimes de l'étroitesse de nos vues, de l'affaiblissement des esprits? De vastes études nous manquent; on sent partout la nécessité de la Théologie, et pour soutenir les empires, et pour relever l'esprit humain. Ce qui perd les intelligences, c'est que loin de se fier aux grandes lois, elles se jettent sur des détails d'où elles veulent juger de l'ensemble. L'homme est trop faible, son esprit a trop peu d'étendue, pour partir de ses impressions, pour se former hors de l'histoire, et croître de son propre fond comme une fleur dans un vase. L'érudition insuffisante l'a bientôt aveuglé. Comment avertir le ciron qu'il monte contre un tertre et non contre les flancs du monde?

En politique, comme dans le reste, nous n'avons plus que de la littérature. La philosophie, fruit d'une raison devenue tout humaine, a écarté la Théologie, et une littérature issue d'une raison retombée dans l'enfance, a banni la philosophie. Comme des plantes arrachées du sol, les esprits restent privés de séve et frappés de stérilité. Ne pouvant plus produire, ils continuent d'opérer dans le vide de leurs impressions personnelles, et de là la littérature. Sans mission, sans Principes, sans instruction sérieuse, quelquefois pour gagner sa vie, on s'empare de toutes les questions, on s'adresse aux caprices, à l'opinion, aux sens, aux derniers appétits. La littérature a pris la place de la pensée, de la tradition, de l'honneur et de l'indépendance; elle a détourné le sentiment du vrai, perverti peu à peu les plus nobles instincts. Tout le mal qui s'est fait est sorti de l'erreur; celui qui se fera viendra de la littérature : nées l'une et l'autre de l'individu [1]! Toute parole estimée chez les hommes procède d'une noble science ou de la tradition : un homme procède de son sens propre, un homme ose de lui-même parler, c'est le Littérateur... Aussi quel siècle a produit plus de pages, et quel siècle en versera plus dans l'oubli?

Plus de principes, plus de génie; on ne sent plus dès lors la nécessité de retrouver l'ensemble, de vivre dans une doctrine. C'est trop le répéter, et ce n'est pas assez le dire... La liberté, la raison et la loi, l'âme, la

1. La Grèce eut les rhéteurs, la France a les littérateurs. Les premiers n'occupaient que le sol de la philosophie; mais ceux-ci ont pénétré partout, et changé par la rhétorique en un instrument de vanité et de mensonge, l'instrument et le gage de la vérité. Le Christianisme a triomphé du paganisme chez ces nations antiques où brillait le bon sens, où, sous le nom vénéré de coutume, régnait encore la tradition; il a triomphé du judaïsme, et de tout ce qui présentait quelque corps de doctrine. Je ne vois plus comment il pourra triompher chez nous de cette littérature, de cette pourriture de la pensée.

grâce, l'Infini, toutes les notions philosophiques sont des chiffres dont on a perdu la valeur. C'est-à-dire que les idées s'en vont; la rhétorique les a remplacées. Nous entrons en plein Bas-Empire. Le sensualisme est dans les âmes, le servilisme dans la pensée. Ce n'est plus la doctrine que l'on admire, c'est le talent. Nos pères cherchaient la vérité, c'est la dextérité que recherchent leurs fils! La thèse plate, avec la phrase ornée, captive entièrement leur âme. Il faut dérouler pour leur plaire des surfaces brillantes, des tapis d'Aubusson où la plante n'a pas de racine, où les êtres sont des couleurs...

Les hommes n'ont plus de doctrine; à peine conservent-ils des idées, c'est-à-dire des débris détachés de l'édifice des doctrines. Brisant la vérité dans les esprits qu'elle n'a pu envahir, la Révolution a partout amené l'absence de doctrines! châtiment d'une époque qui vient condamner le passé, dès lors condamner Dieu; d'une époque qui veut marcher seule, et sans donner la main à Celle qui la nourrit dans la Doctrine..... Le monde n'a plus de doctrine, et ses droits les plus chers demandent leur raison d'être. Les principes disparaissent avec les croyances, les caractères avec les principes, et le despotisme s'avance. Les esprits sont vaincus; sciences, histoire, politique, philosophie, religion même, tous les canaux de la vérité restent interrompus, et l'homme ne peut suivre aujourd'hui sa pensée sans aboutir dans le mensonge..... Les Rois, les Rois eux-mêmes n'ont plus de doctrine, et c'est le dernier coup porté au monde par la Révolution. Les éléments des nations, les aristocraties, la famille, la propriété, les ordres, les cités, tout succombe, plus rien n'a sa raison d'exister. Les lois s'en vont, les pères ne se croient plus maîtres chez eux, les armées hésitent, et les Rois tombent de leurs Trônes, parce que ceux qui les approchent sont privés de doctrines...

XXXIII.

Les Rois.

Les Rois tourneront les yeux vers le passé, ils considéreront la marche de l'histoire, et ils reprendront confiance en leur droit. Après S. Pierre, ce sont les Rois que la Providence a chargés de ses affaires en ce monde. Dans cet universel bouleversement, dans ce tremblement de la terre, l'Église, avec plus de vaillance, plus de vertus, plus de patience, plus d'ardeur, d'enthousiasme que jamais, combat à son poste sacré : les Rois quitteront-ils le leur? Si les colonnes chancellent, l'édifice s'écroulera; si elles sont immobiles, l'édifice se maintiendra. Plus que jamais le monde a besoin de compter sur ses Rois : et j'espère[1] ! Que ceux qui leur conseillent de descendre du trône, songent à Celui qui les y fait monter...

Que les Rois se soumettent eux-mêmes au droit de

1. En publiant l'héroïque défense du *Fils de la sainte*, la grande feuille catholique s'écrie:

« En écoutant les paroles qui viennent de Gaëte, on se rassure sur l'avenir de la Royauté. François II s'est révélé à l'Europe, étonnée de retrouver un Roi... Les hommes qui gardent dans leur cœur le sentiment du bien, répéteront avec lui : « L'œuvre de l'iniquité n'a « jamais duré longtemps, et les usurpations ne sont pas éternelles. »

Dieu, et qu'ils ne craignent plus de soumettre leurs peuples à leur droit ! à ce droit dans lequel grandissent les nôtres et qui introduit les nations modernes dans une civilisation supérieure.

Ministre de Dieu, suivant la noble expression de l'Écriture, le Roi accomplit sa mission en ministre de Dieu, et « non en ministre du peuple. » S'il est le ministre du bien, il devient le soutien du peuple, et s'il se fait l'homme du peuple, il laissera périr le bien. S'il devait émaner du peuple, comment le peuple en aurait-il besoin ? L'effet ne saurait dépasser la cause, ni la foule arriver à un degré plus élevé par celui qui sortit de son sein. Le Roi n'est point un produit de la foule, mais le don que Dieu fait à la foule, pour l'amener plus près de lui. « Donne-leur un Roi », dit l'Écriture...

Ministre de Dieu, le Roi ne vient point suivre le peuple, il vient le relever et le conduire. La Religion vénérée, le règne et le respect du bien ; l'honnêteté, le droit partout ; la famille, la commune, la Province et leurs besoins sincèrement représentés ; la propriété, la liberté individuelle et religieuse inviolables, sacrées ; l'administration paternellement établie, sagement décentralisée ; dans toutes les classes, le libre accès aux honneurs, aux avantages sociaux, pour la vertu, le mérite et la loyauté, tels sont, aux yeux du Roi, les garanties de bonheur et de paix.

Ministres de Dieu, les Rois lui doivent être soumis, et demeurer pour nous des pères. Le principe du gouvernement est la paternité ; paternité au reste rendue visible dans les faits. Ce sont les dynasties qui ont fondé les nations. Les nations se sont déployées dans le champ de l'histoire, en proportion de la grandeur des Familles qui les ont dirigées [1]. C'est pourquoi il leur importe de conserver ces Familles, sous peine de passer dans les mains de celui qui est mercenaire et qui n'est point Pasteur.

Ministres de Dieu pour le bien, les Rois sont appelés à le défendre et à l'accroître chez les hommes. Ce n'est point à une époque de débordement du moi, de révolte universelle de l'orgueil, qu'ils peuvent restreindre l'action sacrée de leur pouvoir. Ils redoublent alors de surveillance et de soin, de justice et de bons exemples, à la manière d'un père, devenu d'autant plus irréprochable et ferme aux yeux de ses enfants qu'ils en ont plus besoin. Les révolutions suscitent des pouvoirs plus sévères, la paix et la beauté des mœurs leur rendent les douceurs de la paternité : telle est l'heureuse loi des choses.

En 1848, il fallut bien le dire : on n'a pas le gouvernement qu'on veut, on a celui qu'on mérite. En ce moment, nous devons ajouter : plus que jamais la mission des gouvernements est sacrée; le sort de la Civilisation est entièrement dans leurs mains. Ils le voient, la Société entière est à la merci de l'erreur. Quand les grands esprits ont cédé, comment se défendraient les autres? Par leur contenance, par la Grâce d'état qu'ils reçoivent de Dieu, les Rois peuvent encore sauver le monde.

Une mission, sinon une Couronne semblable à celle

1. Les Rois sont moralement pères du peuple, mais, suivant la nature historique, ils sont les pères de la nation. On le verra dès qu'on lira l'histoire, non par l'orgueil, mais par les yeux.

de Charlemagne, appelle aujourd'hui une tête dans cette Europe envahie et déjà barbare par la pensée. Peu d'hommes d'État se sont formés au sein de ce chaos, dans ce labyrinthe de faits que reniera l'expérience. Les Souverains restent seuls pour s'élever à la hauteur de leur position difficile. Mais ce n'est pas en vain qu'ils ont été placés entre Dieu et les hommes! Le flot du scepticisme de ce temps avili ne peut monter jusqu'à leurs lèvres; le chant de la sirène, de la perfide popularité, ne peut arriver à l'oreille de ceux qui entendent la voix d'en-Haut et voient le nombre des âmes à sauver. Il me semble, lorsque mon âme est dans la vérité, qu'un peuple ne l'en chasserait pas!

« Un phénomène étrange de l'époque, dit un éminent écrivain, c'est la force de l'esprit d'agression contre les Trônes, et le peu de résistance qu'y opposent les souverains. Ce n'est pas le courage personnel qui manque aux Rois; ils s'effraient de leur responsabilité, ils doutent de leurs droits[1]... » Dès lors, pour que les Rois puissent défendre la Société, il faut qu'ils sachent où et comment ils peuvent la défendre. C'est pourquoi, dans ces pages, je me suis efforcé de signaler l'erreur

1. « Un fait si général et si nouveau atteste une doctrine nouvelle. Le Catholicisme posait sur la notion du *devoir* les fonctions des Souverains. Investis d'une charge, ils ne pouvaient en décliner les obligations; et l'abdication était interdite. La doctrine du *droit* royal, née de l'enseignement juridique, a grandi avec le Protestantisme. Elle porte en elle-même un germe d'antagonisme et de mort; elle suppose, ne fût-ce que comme limite, un droit populaire ou individuel... Enfin, le droit étant un avantage, on renonce à un droit; et le devoir n'admet aucune transaction. En transformant leurs *devoirs* en *droits*, sous l'impulsion des idées modernes, les souverains ont perdu la plus solide assise de leur puissance. » Coquille; 8 août 1860.

qui produit la Révolution, conséquemment, la vérité qui parviendrait à la détruire. Ces notions, que le bon sens découvre aux premières lueurs de la Foi, sont les prolégomènes d'une Politique réelle : bien que les beaux esprits aient toujours espéré découvrir quelque chose de mieux que la Foi. Sans doute, pour l'homme d'État, l'art consiste à connaître son temps, à discerner ce que l'on doit accorder ou refuser aux hommes, à mesurer ses moyens d'action d'après les faits; mais la science, pour lui, doit être prise du point de vue qui nous occupe, du point de vue théologique de la Chute. S'il le perd, ne sachant ni pourquoi il conduit les hommes, ni pourquoi ils lui obéissent; ignorant la direction autant que l'éminence du but, l'homme d'État ne sait point la mesure suivant laquelle il faut agir; il s'embarque dans les systèmes, au sein de la nuit de plus en plus obscure des faits, sans pouvoir distinguer l'obstination de la persévérance. Si l'historien doit être loin des événements mais près des causes, l'homme d'État trop loin des causes ne saurait arriver près des faits.

Qu'ici la Politique, en comprenant son ministère, en découvre à la fois les limites et la sublimité! Née pour secourir la justice et la vérité, pour remédier à la Société impuissante, y établir de force ou de gré le droit, l'équité et la paix, elle accourt où s'arrête l'action de l'Église, elle nous aborde au sortir de la conscience, resserre de plus en plus sur l'homme l'espace qu'il veut lui dérober[1], porte un étai où les mœurs plient, fait

1. L'Église règne sur ceux que la conscience gouverne. Ceux qui lui échappent iraient loin, si les Codes ne resserraient l'enceinte ouverte devant eux.

éclater l'esprit d'honneur, appuie les nobles sentiments, maintient tous les niveaux : elle est le ministre de Dieu pour le bien, et, pour atteindre le bien, elle se met elle-même dans le chemin du vrai! Hors de ce plan sublime, la Politique abuse d'elle-même, rentre dans le pouvoir païen, et aboutit au despotisme.

Ou bien encore, si l'Église mène les cœurs à Dieu, et si la Politique les ramène à ce monde, par les sentiers de la chair ou du moi, les deux forces se neutralisent et la Société s'abat. Quand l'Église est absente, le Pouvoir le comprend, la tâche retombe sur lui : tâche impossible, insurmontable, que les efforts du despotisme ne sauraient accomplir, que l'or des États ne pourrait payer, et à laquelle l'âme libre de l'homme échappe nécessairement. Il faut assurer la vie à la loi, en la puisant dans la vérité, car l'homme veut garder la conviction profonde de n'obéir qu'à la vérité : il veut trouver à la même source sa croyance et sa certitude. « Il est aisé de faire des lois, dit Démosthènes, c'est le faire vouloir qui est tout. »

Ou bien enfin, si le Pouvoir lui-même affaiblit l'action de l'Église et, par indifférence, permet à toutes nos erreurs de s'établir pour la neutraliser, le mal arrive au comble. Depuis un siècle Dieu ne soutenait plus les Rois, parce que, depuis longtemps, les Rois ne soutenaient plus Dieu. Une lettre de Mgr l'évêque de Poitiers à Mgr l'archevêque de Turin, que l'illustre exilé a daigné me communiquer, fait ressortir ce point si grave, si plein pour nous d'enseignements. « .... Depuis soixante-dix ans que les Gouvernements mettent toutes les croyances dans une même catégorie, dit cette voix qui rappelle à la France l'accent de Bossuet, Dieu a paru faire un même cas de tous les Gouvernements. La peine du talion étant la grande loi de l'histoire, Dieu a appliqué aux Pouvoirs, la règle que les Pouvoirs appliquaient à la Religion, et il leur a rendu l'indifférence qu'ils professaient envers lui. C'est ainsi qu'en ce pays où, depuis treize siècles et plus, le fond de la constitution nationale n'avait pas varié, où une Dynastie qui s'était soudée sans révolution aux précédentes, avait compté huit cents ans d'existence, nous avons vu, en deux tiers de siècle, quinze ou vingt Constitutions et révolutions, et pas un Pouvoir n'a pu atteindre un règne de vingt ans. Après s'être servi de chacun d'eux comme d'un instrument, la Providence les a tous successivement brisés; et, si quelqu'un d'eux a duré plus que les autres, il a été rejeté ensuite avec plus de dédain et d'ignominie. On écrirait l'histoire de cette période sous ce titre de chapitre : « De l'égale protection de Dieu envers tous les gouvernements, depuis que la politique « proclame le droit de tous les cultes à l'égale protec- « tion ». Après une expérience déjà si longue, le moment n'est-il pas venu de conclure? N'y a-t-il pas lieu de dire avec David : *Et nunc, Reges, intelligite; erudimini qui judicatis terram!* C'est cet enseignement que M*** a merveilleusement entrepris de faire ressortir. Je ne doute point que son livre n'avance considérablement la question. Et ce nouvel écrit par lequel il établit qu'il n'y a de *Politique réelle* que celle qui s'appuie sur la Théologie, ne saurait se produire dans un moment plus opportun. Les Sociétés se meurent, l'Europe se dissout, ses tentatives en Orient avortent, parce que la sève théologique a cessé de vivifier la Politique. L'avenir, et l'avenir prochain de l'Italie[1] comme de la France, de l'Orient comme de l'Europe, dépend de la direction que sauront prendre les gouvernements à qui Dieu accordera, encore une fois, de triompher des ennemis forcenés de la Société... Espérons que le lendemain d'une révolution, qui est plus menaçante que jamais à cette heure, la Politique saura enfin demander à la Théologie les principes opposés à la Révolution. »

Trois choses, la vérité, la croyance et l'obéissance, doivent être placées en quelque sorte perpendiculairement. Sinon la loi elle-même est renversée, la conscience sacrifiée on retourne à la barbarie, l'homme cède au lieu d'obéir, et ses efforts pour échapper à la loi arbitraire, redoublant ceux des Pouvoirs pour l'y soumettre, font renaître le despotisme, lequel remplacera toujours les consciences qui ne sont plus. Il ne saurait, d'ailleurs, être réduit que par le bien. La base de la liberté, c'est la conscience, et celle-ci ne vit que par le principe religieux.

Les nations, encore une fois, retournent à la barbarie quand l'Autorité politique est la seule; car la puissance de cette autorité aboutit en définitive à garantir le bien, et non à le faire germer de l'âme; à empêcher les hommes de démolir la Société, et non à la produire intrinsèquement elle-même. Le comte de Maistre, qui possédait l'instinct de toutes les vérités que ne déploya pas son génie, disait : « Le pouvoir humain ne s'étend peut-être qu'à ôter ou à combattre le mal pour en dégager le bien et lui rendre le pouvoir de germer suivant sa na-

1. Lettre que la date rend prophétique (26 décembre 1858 !).

ture ». Toutes les lois du monde ne réussiront qu'à empêcher de faire extérieurement le mal. Sans l'ordre politique, l'Église disparaîtrait [1]; mais, sans l'Église, la politique succomberait.

Je ne répète pas, je conclus :

On parle de la Société; mais l'Église en fait les trois quarts, l'Autorité et les lois font le reste. On ne saurait restreindre l'Église sans accroître la force pour la remplacer. On ne veut donc pas se rappeler que l'homme est un être libre, que tous ses actes résultent de sa volonté, sa volonté de sa conscience, sa conscience de la vérité! Diminuer les croyances, c'est diminuer l'homme et le remplacer par la Loi... Cette substitution constitue à proprement parler le despotisme; c'est ce dont nous menacent les temps où nous voulons entrer.

Laisser faire à la Foi le plus qu'elle peut, et puis exécuter le reste, voilà la Société et voilà l'art de gouverner. Voilà aussi le chemin de la liberté. Par l'autre voie, vous allez droit au despotisme...

XXXIV.

La Politique réelle et les hommes d'État.

Le problème semble maintenant rétabli. Je ne saurais être clair, dit Rousseau, pour qui ne veut être attentif; nous ne saurions, non plus, convaincre qui ne veut suivre la raison.

1. L'Église est immortelle, mais elle peut toujours nous quitter... Voyez la foi en Angleterre, en France à partir de 1789, dans les Indes, en Chine, où on l'avait portée.

Les conclusions sont là. Telle métaphysique, telle politique ; telle la notion de l'homme, tel l'état de la Société. La raison et la conscience disposeront toujours de l'homme. Que la Vérité théologique, seule conforme aux faits comme à la plus puissante philosophie, vienne d'abord chasser des âmes l'illusion de Rousseau sur un état de Nature, d'où naît la thèse des Droits de l'homme ; dissiper ensuite l'illusion métaphysique correspondante, qui le pose aujourd'hui souverain dans les sphères de la Substance ; ruiner enfin, la thèse abrutissante de Hobbes, qui en est la conséquence certaine, si l'on tient à maintenir la paix dans les États autrement que par une armée sur le pied de guerre, à résister à la Révolution autrement que par les baïonnettes, à conserver la Société autrement que par le despotisme ! Reprenez position dans la pensée ; vous serez sur le terrain réel, sur celui qui maintient la victoire à la Révolution. Ici les choses seront décisives ; ce sera du gouvernement véritable. Pour rétablir l'Autorité dans sa source, et arrêter le despotisme dans la sienne, rétablissez dans les esprits la haute thèse de la Grâce, le dogme de la Création et celui de la Chute. Cela semble bien élevé, bien idéal, cependant la pratique est là... Il ne faut qu'une idée pour changer tout dans la raison ; l'histoire d'un siècle n'est que le développement d'un point de vue. C'est par la haute philosophie, c'est par les premières questions que tout mouvement se propage [1].

1. La question politique ne peut être résolue sans la question dogmatique, sans la question métaphysique elle-même. L'erreur est totale : il faut tout prouver d'un seul coup.

La *raison* de la Politique est dans la chute de l'homme ; son *but*, comme celui de l'Église, est de le diriger vers le bien ; mais l'homme agissant d'après ses pensées, c'est là qu'elle doit prendre son *siége*. La Politique ne peut changer ni de point de départ, ni de but, ni de siége, sans sortir de la pratique et se perdre.

De l'homme innocent et bon, naît le socialisme ; de l'homme coupable, enclin au mal, est née la Politique, telle que l'ont pratiquée les âges. Un dogme, en disparaissant, laisse écrouler le monde... On nous oppose la théorie des droits innés ; on l'oppose à la thèse des droits acquis, qui est la thèse de l'histoire.

La psychologie pure démolit la Société : le fait la rétablit tout entière. Pour sortir de la Révolution, il faut revenir dans le Dogme, éloigner le rationalisme. — Le fait ici devient palpable. Mais nous épousons la logique dès que notre intérêt s'y trouve ; nous la répudions dès que nos passions la refusent.

Un seul point de vue faux désoriente la Politique, un seul argument la ramène. L'argument est bien simple : si la raison pure était pure, l'homme ne se tromperait pas, et si la volonté était droite, la loi ne se violerait pas, et surtout cette volonté ne la détruirait pas. Quoi ! l'homme est parfait quand je le vois par l'œil de la philosophie, imparfait et méchant quand je l'observe par celui de l'expérience !

La preuve, hélas ! que nous avons péché en Adam, c'est qu'à l'instant où nous le pouvons nous péchons comme Adam [1] ! Le rationalisme n'est qu'une théorie,

1. In peccatis sumus nati, in Adamo vulnerati, et ad malum inclinati. *Prose de l'Off. de l'Imm. Conception.*

il ne peut donner lieu à une pratique réelle. Il nous parlait d'une Méthode, mais le chemin est sans issue.

Le doigt est maintenant sur la plaie...

Mon humble tâche est accomplie. Convaincu que les principes générateurs de l'ordre social sont au moment de disparaître, je me suis efforcé d'en ramener l'intelligence et l'amour. Je suis remonté à la première question, celle de la vérité, de l'Infaillibilité. Les notions qui précèdent découlent de la plus profonde métaphysique : je les crois fondées en Dieu et fondées dans les faits. Mais de nos jours, les thèses offertes par la rhétorique l'emportent sur les autres. L'art attire les esprits plus que la profondeur : la pensée est chez nous vaincue par les paroles. Si la philosophie mit ses efforts à bannir la Théologie, qui lui assurait l'existence, la littérature est venue à son tour étouffer la philosophie, comme nous l'observions tout à l'heure. Cet affaiblissement de la pensée coïncidant avec celui de l'Aristocratie [1], accroît malheureusement encore la prédominance du Pouvoir politique, et le porte à une hauteur plus dangereuse aussi pour lui. L'époque me semble bien compromise... Mais qu'attendre, quand ceux qui ont la Foi hésitent sur la Politique, et quand ceux qui ont la Politique hésitent à fonder sur la Foi ; quand les meilleurs ont besoin d'être gouvernés ? Tout est scindé, tout est rompu ; la moindre vérité provoque un scepticisme jusque chez les plus sages. Les esprits

1. Il s'agit de l'absence d'Aristocratie en politique et dans les mœurs ; car le Clergé, qui en est la tête, et la magistrature, le membre le plus urgent, seront la gloire de notre époque.

complets sont si rares qu'ils restent broyés dans les autres. Siècle débile, où les hommes peuvent se passer de logique, surseoir aux plus grandes questions ! Se dire philosophe, entrer dans la pensée, et ne faire qu'un morceau du chemin... Vivre dans l'incomplet, est-ce d'un homme ? La plupart ne se sauvent que par l'inconséquence.

C'est la logique qui manque aux hommes. Tout panthéisme ne tombe-t-il pas devant l'idée de cause, et tout rationalisme devant l'idée du mal ? Tout panthéisme ! car si l'esprit humain entend par cause ce qui produit et non ce qui est produit, pas de Cause si elle n'est définitive et dès lors absolue : et nous voilà dans l'Infini, dont le Christianisme n'est qu'une merveilleuse application sur la terre... Tout rationalisme ! car du moment où la liberté n'est pas définitivement et en tous lieux victorieuse, en plein accord avec sa loi, il faut bien avouer que le mal a pénétré dans notre essence : et nous voilà devant la Chute, dont les effets ont de tout temps nécessité la Politique... De la logique, et vous êtes chrétiens, vous arrivez à la hauteur de Pascal et de Bossuet, vous êtes à côté des saints !

On ne saurait se méprendre sur les signes du temps. Déjà les hommes n'entendent plus la vérité ; ils se détournent, et les méchants cachent leur tête dans le pli du mensonge. Ému à la vue du péril, j'ai voulu, par une sainte liberté, désigner d'un côté l'erreur qui compromet le monde, de l'autre la lumière qui pourrait le sauver. « Notre Foi catholique, s'écrie avec angoisse le « Saint-Père, peut seule guérir une société malade, et « la relever lorsqu'elle est prête à tomber... » Mais qui protégera la lumière? qui permettra de la mettre sur le flambeau, et qui le portera dans ses vaillantes mains?

XXXV.

Sans franchir l'enceinte de ces Principes, car je ne suis chargé par personne d'entrer dans la politique, j'oserai néanmoins y déposer une indication.

La pratique actuelle et les hommes d'État.

Autrefois, l'histoire et les hautes sciences étaient cultivées dans l'asile du silence et de la piété; la main qui touchait aux consciences, pénétrant dans le champ de l'érudition, y recueillait la plante délicate des faits. Foyer de la prière, du savoir et de la vertu; pépinière de savants, d'historiens, d'hommes d'État, de saints et à peu près de tout ce qui a illustré, enseigné et dirigé l'Europe au temps de sa grandeur, telles furent nos Abbayes [1]. Alors les hommes d'État trouvaient la

1. « Des entreprises littéraires qui devaient durer des siècles, disait M. de Chateaubriand, demandaient une société d'hommes consacrés à la solitude, dégagés des embarras de l'existence, nourrissant parmi eux les jeunes héritiers de leur savoir. Si j'avais le droit de proposer quelque chose, je solliciterais le rétablissement d'Ordres qui ont si bien mérité des Lettres. »

Dernièrement on a pu remarquer, dans le Concordat qui vient d'être ratifié entre le Saint-Siége et le Sénat d'Haïti, qu'après les articles fondamentaux, où il est dit par exemple : « Que la religion ca-« tholique sera SPÉCIALEMENT PROTÉGÉE ainsi que ses ministres, » et « Que les ecclésiastiques nommés aux Évêchés ne pourront exercer « *avant de recevoir* l'Institution canonique » ; qu'après, disons-nous, ces points de première importance, vient cet Article significatif : « Dans l'intérêt, et *l'avantage* spirituel du pays, on pourra y instituer « des ordres religieux approuvés par l'Église, etc. »

science toute faite, et approchaient des sources sûres. Après avoir ôté l'enseignement au clergé, la Révolution incendia les Abbayes; la science venue du point de vue divin fut interrompue dans son cours; celle du siècle passa et se mit à sa place... On avait eu jusque-là une histoire du point de vue divin, une politique, une économique du point de vue divin, c'est-à-dire réel : on y substitua une histoire du point de vue humain, une politique, une morale, une économique du point de vue humain, c'est-à-dire conforme à l'état *de nature*, ou à ce qui n'existe point... Que de douleurs pour soutenir la Civilisation, depuis quatre-vingts ans, sur ces bases artificielles!

Les temps ont baissé comme les esprits, les esprits comme les études. Nos pères se préoccupaient avant tout de Théologie, c'est-à-dire des destinées véritables de l'homme [1]. De là nous sommes descendus dans la philosophie, c'est-à-dire dans un point de vue tout humain. Puis, nous sommes encore descendus dans les sciences naturelles, c'est-à-dire dans l'impasse de la matière et du temps. Autrefois, on s'occupait de Dieu d'abord, de l'homme ensuite, de la nature enfin; la marche était rationnelle. Mais on l'a renversée. En repoussant la Théologie, les sciences morales n'ont pas tardé à retourner dans le chaos; et les sciences physiques, qui repoussent à leur tour la philosophie, ne tarderont pas à y rentrer, comme on l'a vu dans l'antique Orient. Les

1. Autrefois on adorait Dieu; notre peu de poésie, aujourd'hui, se tourne tout vers la nature. Dans cette altération du sens de l'âme, on a cru voir un grand progrès, sur le XVIIe siècle surtout; nous posséderions mieux, dit-on, le *vrai sens* de la nature!!

filles aînées de la Théologie, les sciences politiques, ont déjà succombé [1]. Si l'on veut relever toutes les sciences, tous les cordages de l'immense navire, il faut replacer le grand mât.

Or, si le Christianisme est perdu dans la Société, dans les idées, dans les lois, dans les mœurs, c'est qu'il n'y a plus de théologiens. Plus de Théologiens dans une civilisation qui repose sur la Théologie !. Il faut constamment répandre dans la Société un courant d'idées vraies, si l'on veut arrêter le courant d'idées fausses, c'est-à-dire *naturelles*, que l'inexpérience humaine y verse constamment. Il faut avoir une base certaine sous les mœurs, sous les idées et sous les lois, surtout sous la Politique. Ce n'est pas dans le monde, où tout vacille, où tout se perd, où tout obéit au caprice, que l'on peut fixer cette pierre ; et ce n'est point au monde que l'on peut confier la culture des premiers Principes.

Les grands principes, unique base des États, les ver-

1. Il y a eu dégradation successive dans les études. Au XIVe siècle, l'ordre divin, dont le Christianisme n'est que la formule, en formait la base. De la Théologie on passait à la morale, ou à ce qu'on appelle aujourd'hui la philosophie ; de la morale on passait à la politique et à l'économique, qui n'étaient qu'un résultat des notions précédentes. Vers le XVIe siècle, au lieu de débuter par la Théologie, on s'est immédiatement placé à l'étude de la raison humaine. Toutes les lumières qui résultent de la science qui précède étaient déjà perdues ; les sciences prirent la place des idées primitives. Au XVIIIe siècle, au lieu de débuter par la morale, on s'est immédiatement placé à l'étude de la matière. Le point de vue de l'esprit humain fut abaissé encore ; la pensée fut bornée à l'ordre du visible, la pratique à la sphère des sens. Les hommes d'État ne peuvent avoir qu'une science limitée aux études qui les ont formés. Il devait y avoir, dans le développement de leur intelligence, une dégradation analogue à celle que nous venons de remarquer...— Voir le livre de *la Restauration française*, liv. I, chap. XLI. Chez L. Hervé, 1851. (NOTE des Éditeurs.)

tus élevées, source unique des mœurs, sont les plantes des sanctuaires. Mais indépendamment des grands principes et des vertus premières, il y a une raison capitale de relever les Abbayes. Dans le monde, on ne trouve jamais l'arbre entier de la vérité, ni même une de ses principales branches. Il existe une raison de ce fait. Pour posséder la vérité (secret que le monde ne peut connaître), il ne faut point cultiver son sens propre, il faut chercher celui de Dieu, ou, tout au moins être saint par l'esprit. Les religieux ont seuls découvert, dans l'obéissance, tout le secret de l'âme, c'est-à-dire le secret de l'éducation et celui de l'esprit humain. La vérité sortit toujours d'un homme que son éducation habitua à obéir, à quitter son sens propre pour chercher le bon sens. Au ton que lui donne sa modestie, on reconnaît l'homme bien élevé. Toutes les erreurs soutenues dans le monde, proviennent d'un orgueil intérieur. A la vérité philosophique, à la vérité historique, morale, politique, ajoutons donc l'éducation, et nous aurons les raisons d'État pour lesquelles il importe, non-seulement de tolérer, mais de favoriser ces précieuses institutions. Détruire les Abbayes, est, de la part d'un État, un véritable suicide.

Après avoir servi les caprices de la Révolution, puis ceux des littérateurs, en empêchant les esprits sérieux et pieux de se réunir, les Universités et la science monastique de renaître, les Gouvernements comprendront-ils assez leurs plus chers intérêts pour ramener ici l'opinion [1], au lieu de la subir? — Que faire? — Deux

1. Porter envie à l'Aristocratie se couvrirait d'une sottise qui dé-

choses toujours simples : d'abord, favoriser les legs religieux qui ont pour but de rétablir ces asiles de la pensée et du recueillement, où se reconstituerait la science réelle; ensuite, leur demander des hommes supérieurs pour professer dans les chaires de premier ordre. Les Gouvernements ne peuvent tout faire, mais ils peuvent tout encourager.

Qu'ils garantissent leurs propres bases! Qu'ils ne permettent plus au point de vue humain de remplacer la Foi dans leurs États, car ils reposent eux-mêmes sur le point de vue divin. La Théologie, voilà la force à entretenir. La plus puissante armée est celle qui combat pour vous dans les esprits!

Les maux qui ont détruit le Monde ancien fondent à la fois sur nous. Laissera-t-on au Christianisme les moyens d'en triompher, de sauver une fois encore la Civilisation qui se meurt? Le fléau est là : le paganisme et un rationalisme qui, partout, se verse dans le panthéisme, la double végétation de la chair et du moi. Déjà la chair prétend remplacer la vertu; la loi, remplacer notre conscience; l'orgueil, abolir tous les droits acquis. Les grandes idées succombent comme les nations; la raison s'affaiblit [1], les caractères disparaissent, l'opinion qui naissait des croyances n'existe plus, l'er-

sespère d'y parvenir; mais, porter envie à la vérité, à la vertu, c'est aussi trop montrer sa propre turpitude...

1. Que la raison se soit affaiblie, que le sens métaphysique ait baissé, je n'en veux que cette preuve commune : l'homme se montre attendri d'un service ou d'un don, il ne l'est pas de celui de son existence! Il ne dit pas à tout instant à Dieu : Quel bien! et comment vous remercier? Il ne voit point la chose qui le touche le plus, il la croit naturelle ou issue de lui-même, tant il est nul, et tant il est atteint du néant de l'orgueil... L'ingratitude lui ôte la raison!

reur est glorifiée, instituée, victorieuse; le mal a osé se nommer le bien, il s'avance, et personne ne lui oppose plus de barrières. C'est aux hommes d'État, c'est aux Rois d'y songer! Sur eux pèse la responsabilité du monde.

Il est temps! Que les hommes d'État portent leur attention, d'une part, sur ce que l'on nomme les *principes nouveaux :* liberté de conscience, de la presse, des cultes, et par suite liberté absolue en morale et en politique; d'autre part, sur ce que l'on nomme les *principes anciens :* rétablissement de la Théologie au centre de la pensée humaine, des ordres religieux au sein de nos populations, et par suite protection avérée, intelligente de l'Église. Pour passer des principes anciens à ce qu'on appelle des principes *nouveaux*, l'homme est-il donc nouveau? Pour rejeter l'expérience, et pour qualifier tout le passé d'ancien régime, l'homme a-t-il plus de sagesse que les anciens, ou plus de vertus que ses pères?...

XXXVI.

Espoir du monde dans les nouvelles générations.

En voilà peu sur la grande question, mais bien assez pour réfléchir. Pour une Conclusion les prémisses sont suffisamment établies; les applications seraient nombreuses, on les peut déduire aisément... Que le bien nous devient nécessaire! Que le bon sens serait utile! Que d'esprits aveuglés par le point de vue humain, entraînés par le naturalisme, s'égarent au sein d'une éternelle nuit. Philosophie, économie, morale, littérature, que de canaux versent sur nous les eaux de la Révolution! Combien peu de législateurs travaillent à en fermer le cours; combien peu d'historiens nous ramènent à l'expérience, et paraissent sentir le mérite incomparable du passé, la légitimité profonde de la Société chrétienne! La Foi, abandonnée, ne peut suffire en ce moment à la sauver; il faut que la pensée entière vienne au secours du monde, et la pensée elle-même est brisée, est en proie, je le crains, à la dernière, à la fatale Confusion...

Nous assistons à un cataclysme intellectuel! les vérités les plus éclatantes semblent maintenant des erreurs: et des erreurs jusqu'ici inouïes semblent des vérités. Comment nier la confusion! et comment la prendre pour l'ignorance: celle-ci se montre à l'origine, celle-là présage la fin. Si l'ignorance est ce qui précède la vérité, la confusion est ce qui lui succède, alors que les principes se décomposent, que l'homme avale cet affreux mélange où il a fait dissoudre la vérité dans ses passions! La Confusion est l'ignorance des derniers temps... Que pourra faire Dieu? on retourne ses dons contre lui! S'il envoie un poëte pour célébrer, sur un mode oublié des hommes, les merveilles et la Gloire de l'Infini, le poëte lui-même change les cordes de sa lyre,

1. Les hommes éclairés sentent, en ce moment, dans quel impasse nous laissent les idées du siècle: ils voient qu'on ne peut faire un pas de plus sans disparaître dans la Révolution. D'où nous viendra la vérité? et où trouver une Doctrine? Après tant de mécomptes, il y a autre chose à faire que de chercher des systèmes nouveaux! Pour les hommes d'esprit, la cause de la Foi est gagnée. Mais, la foule? et sans ramener la foule, comment tirer le monde d'une pareille situation?

et tout à coup se mêlant à la foule, nous fait entendre le chant du doute et de l'orgueil. Et s'il envoie un homme tenant la verge du prophète pour nous montrer notre avenir, cet homme est lui-même enivré des fumées du mensonge qu'il venait d'immoler, et son âme, emportée par la danse fatale, fuit enlacée dans les bras de l'erreur.

Pour comble de disgrace, chez nous, la philosophie chargée d'éclairer les hautes pensées, les jette dans son incertitude et son impasse, les conduit hors du dogme, hors des chemins de la pratique[1] ! Certes, on ne peut regretter que ce siècle ait commencé à réagir par un effort vers le spiritualisme; mais cet élan a surpris des hommes encore pleins de la vieille erreur. Ils donnèrent un premier coup d'aile, mais ils comptaient conserver leur moi... Où est notre trésor, là se tient notre cœur, et là s'arrêteront nos pas. Mais j'en juge à la marche des choses, à la force de la logique, qui est toute pour nous, si ces hommes arrivaient aujourd'hui dans l'arène, ils marcheraient à côté de nous, ils marcheraient à notre tête! Qu'ils nous permettent du moins de regretter les personnes, si nous fûmes contraints d'écarter les doctrines! Dans cet horrible accès, où la France vit tomber de sa tête ses plus belles couronnes, où elle a laissé tant de sang, livré tant d'âmes, perdu quelquefois jusqu'au sentiment d'elle-même, ce n'est point sans regret qu'elle a vu descendre de son front

1. Voir : *Comment les dogmes finissent; — La Religion naturelle*, etc., etc. Fatalistes en histoire, rationalistes en philosophie, tous s'acharnent sur le grand édifice. Quand le monde périra, Dieu fera voir aux hommes que ce sont eux qui l'ont détruit...

plusieurs rayons de son génie. Il serait beau, cependant, de se lever et de combattre pour la plus grande idée du monde..... Allez au fond de la politique, allez au fond de la science, ou au sommet de la pensée, la logique est pour nous...

Et vous qui êtes armés de la Foi, une place est réservée, parmi ses Confesseurs, à ceux qui combattront dans ce siècle suprême... Combattez tous, par la vertu, par la patience, la pauvreté et la richesse, la parole et la charité, chacun au point où Dieu vous met, car il a ses desseins sur chacun de vous! Jeunes générations, venez, combattez la Révolution. Ne vous effrayez pas du nombre de ses branches; au fond, elle n'a qu'une racine.. Un orgueil, une erreur!! Il faut que l'erreur tombe, s'il y a du courage! Venez armées contre elle du glaive de la vertu.

L'erreur n'a fait que s'accomplir. Elle commence au protestantisme, marche par divers corps de système, arrive au panthéisme, se réalise et se consomme dans le socialisme.

L'erreur ne saurait aller plus avant; dans sa pensée elle a renversé la nature divine, elle a mis l'homme à la place de Dieu; de là, elle a renversé la morale, la Politique, la Société. Et, cette fois, l'homme a dit dans son cœur: *mais, c'est moi qui suis Dieu!* Jamais l'erreur n'était montée si haut. Est-ce hardiesse? est-ce génie? Hélas! c'est l'œuvre du maçon qui peu à peu élève un mur. Philosophies, histoires, droits naturels, théories sur l'origine de la Société, travail incessant des légistes, tout concourt à former la base longtemps inaperçue. L'homme prenait dans le silence la place qu'on ravissait à Dieu. Puis, tout à coup, des publicistes armés d'une éloquence tout humaine, des économistes avec l'appât grossier qu'on présente à la foule, servis par une nuée de romanciers, superposèrent l'un après l'autre tous les degrés de l'erreur. Une classe entière monte aujourd'hui cet escalier funeste, et le plus sot se trouve en haut... Parce qu'il voit l'abîme sous lui, il croit avoir dépassé les nues; il croit entrer dans sa propre lumière, faire lui-même partie de l'éternelle vérité; il répète la conclusion des derniers impies, le cri affreux poussé par Hégel, par Feuerbach, par Stirner, par Proudhon : *mais, c'est moi qui suis Dieu!!*. Venez, venez voir l'homme! il a pris sa chair pour de la vertu, son esprit pour la vérité même; il a pris son néant pour Dieu!

Qui brisera l'œuvre insensée? Jeunes générations, venez, détournez les malheurs qui menacent l'impie et mettent en danger le monde; écartez, renversez à son tour cette Révolution! Suivez ces Chefs incomparables dans la doctrine, si grands par la sainteté, si nobles par la charité, par la bonté, par le génie, ces Évêques que Dieu, dans les profondeurs de ses trésors et de ses dons, semble avoir tenus en réserve pour sauver aujourd'hui la France!

XXXVII.

« J'ai peur du danger que court le monde. »
S. HILAIRE.

Qui me donnera une parole égale en moi à l'évidence? qui me donnera une force égale à mon désir? Dans le danger qui nous presse, trois faits sont à considérer : la Révolution détruit la Société humaine ; la Révolution vient d'une erreur sur l'homme ; et l'Église est la vérité... Comment celui qui possède à peine une voix dira-t-il ces trois choses aux hommes?

*

La Révolution détruit la Société humaine.

Si les hommes veulent conserver, je ne dis pas une religion qui les a aimés, comme du reste les aima son divin Fondateur, mais une Civilisation qui abrite un sol encore tout émaillé de vertus, de mérites et d'héroïsmes privés, une Société qui leur est chère, qui fait leur bonheur et leur gloire, je les conjure de combattre la Révolution... Qu'ils combattent une invasion plus redoutable, pour eux plus dangereuse que l'Islamisme: invasion dans leur âme, dans leur propre génie, et qui étouffera l'homme au cœur même de l'homme. L'Islamisme ne l'attaquait qu'avec les sens, la Révolution l'attaque avec sa raison même, renverse sa conscience, y replace l'orgueil, y tue les deux éternels gardiens de l'homme, le droit et la vérité. Que sera l'homme, quand après avoir quitté les voies de la raison, perdu ses véritables droits, il se croira en possession de tous les droits, dans le sein de toute raison? L'erreur dernière sera la pire, parce que l'homme ébranlé, avili, s'écriera : Voilà la vérité ! O mensonge, erreur dernière, erreur fatale à l'homme! La Révolution lui dit : Viens à la liberté, à la richesse, au progrès, à la vie ; et elle le mène à la servitude, à la ruine, à la barbarie, à la mort. Mais elle a des secrets inconnus de la vérité.

Celle-ci le conduit à la liberté par l'obéissance, à la fortune par l'épargne, à la grandeur par la vertu; celle-là le convie à la vertu par ses faiblesses, à la fortune par le luxe, au bonheur par ses appétits; elle s'adresse à tous ses instincts! Le Tentateur mettait cette thèse en un mot : EN DÉSOBÉISSANT TU SERAS COMME UN DIEU!.. Lâcheté de la Révolution! il est aisé d'égorger l'homme avec le poignard du mensonge, difficile de l'en garantir. Voilà pourquoi l'Autorité fut commise à sa garde, et pourquoi elle lui est ravie, aussi, par la Révolution. Mais elle règnera! l'homme lui-même veut être esclave, « il veut jouir! » Elle seule a connu l'homme, elle seule a trouvé sa nature. Il abandonnera ses droits, sa dignité, ses foyers, ses autels; il veut jouir, la Révolution a parlé! Multitudes que ses erreurs ont plongées dans le paupérisme, villes qu'elle a ouvertes aux maux d'une industrie sans frein, foules abandonnées, et vous, nations que ne conduisent plus leurs Rois, accourez, et chantez les bienfaits et la gloire de la Révolution! Vieille nature humaine, célébrée par Homère, reconnue des prophètes, sacrée par Jésus-Christ, amenée jusqu'à nous par l'histoire, tu emporteras le vieux droit, le vieil honneur, la vieille Europe avec toi......... Mensonge, erreur fatale à l'homme! lui-même il court à la servitude, il croit entrer dans le cercle d'un Droit immense, au moment où disparaissent à la fois ses libertés les plus chères, pour lui, pour sa famille, ses biens, sa cité, et leurs droits acquis. Pas une erreur que la Révolution apporte, qui, par une voie perfide, ne descende d'une vérité et n'en prenne le nom! Sous le prétexte de libertés plus vastes, elle a ravi aux peuples leurs libertés publiques, à l'homme ses libertés privées, ses libertés véritables ; elle a aboli les provinces, les cités, les corporations, tous les intérêts collectifs ; elle a touché à l'antique constitution de la famille, de la propriété, restreint les droits de la vérité, dispersé les abris séculaires de la science, de la prière et de la charité, démoli l'homme sur tous les points ! Le mérite est la loi de l'homme : mais, sous le nom d'égalité dans un seul Dieu, elle brise la loi sacrée du mérite, et détruit de la sorte le droit jusque dans son germe. Sous le nom cher de liberté, elle viole en lui la conscience, elle assujettit l'homme jusque dans sa famille, dans l'instruction de ses enfants. Sous le nom vénéré de justice, elle est entrée dans sa maison, y partage elle-même ses biens à ses fils, ruine son autorité paternelle, dérobe l'avenir à son sang, et le grand citoyen n'est plus maître chez lui ! Enfin, sous le nom respecté de l'État, elle s'est substituée à l'homme, à la famille, à la commune, à la cité, à la Province ; elle se substituera à la charité, elle se substituera à la Foi[1] ! Que les nations cherchent, aujourd'hui, ce qu'elles ont construit avec le travail de l'histoire, et que l'homme cherche sa place au milieu des nations ! De son mérite, de son droit, de sa conscience, de sa pensée, de sa

1. A l'homme, en lui ôtant les droits privés ; à la famille, en lui ôtant dans sa liberté de tester, son éternelle constitution, et l'autorité paternelle ; elle se substituera à la charité, par l'assistance publique ; à la Foi, par une religion, par une impiété nationale. — Et qu'est-ce que la Révolution prétend substituer à la famille, à la propriété et à la Foi ? Lisez les Œuvres de Fourier, et de Considerant...

grandeur, de toute son autonomie, la Révolution ne lui laissera rien. C'est le droit que la Révolution a renversé, le droit dans l'homme, le droit dans les nations! Par une logique fatale, et qui l'emporte ellemême, elle oppose le droit de corrompre les âmes au droit de les sanctifier, la prééminence d'un luxe qui nous ruine à celle du capital qui nous nourrit, la loi de la Nature à celle de Jésus-Christ, le socialisme à la Société! elle oppose une liberté fausse à la liberté vraie, un droit faux aux droits réels, une richesse fausse à la richesse vraie, une morale fausse, une société fausse, à la morale vraie, à la Société véritable! Elle veut une famille, une propriété, une commune, une justice, un pouvoir, une Foi, qui ne sont pas la véritable famille, la véritable commune, la véritable hérédité, la véritable justice, le véritable pouvoir, la véritable Foi. Progrès de la Révolution contre l'Église, progrès de la Révolution contre la Société, progrès vers une abolition de l'homme....... Aux yeux de la droite raison, comme aux yeux de la politique, la Révolution n'est pas uniquement la destruction de la Société, mais la destruction même de l'homme; destruction si violente et si savante à la fois de son esprit, de son honneur, de ses droits, de ses mœurs, de ses vertus, de son passé, de ses nobles instincts, de toutes ses affections, de ce qui l'a fait grand, de toutes ses puissances, de toutes ses énergies, de toutes ses libertés radicales, qu'elle a réveillé, chez les hommes, la pensée de ce Temps redoutable dont il est dit: *qu'il sera abrégé en faveur des élus!* Qui combattra aujourd'hui la Révolution? Qui la méprisera ainsi vêtue par le mensonge, les mains pleines de ses présents ? Qui ? et je l'espère encore, les Rois et les nations qu'elle a trompés, les cœurs dont elle soulève la colère, dont elle a provoqué le mépris, et auxquels elle apporte autant de pitié que d'effroi. Si les hommes ne veulent tomber dans une servitude incalculable, dans un état tel que jamais des êtres formés par le Christianisme n'ont connu le pareil, s'ils désirent sauver cette Civilisation sacrée, qui fait leur honneur et leur gloire, ah ! s'ils désirent sauver le monde, je les conjure de combattre la Révolution !

* *

La Révolution vient d'une erreur sur l'homme.

Mais pour que les Rois puissent défendre la Société, il faut qu'ils sachent où et comment ils peuvent la défendre ; les armées ne protégent qu'un jour. Ce sont les âmes qu'il faut armer, les citoyens qu'il faut mettre en mesure de s'unir à la Société et d'en consolider eux-mêmes le vivant édifice ! Que les Rois, donc, atteignent la Révolution dans son germe, la fausse idée sur l'homme laissée par le siècle dernier ! Qu'ils replacent au centre des Universités cette lumière de la Théologie qui portera le jour sur les sommets de la philosophie, sur la base des lois, et dans la nature de l'homme. Que des éléments de cette science des sciences, ils fassent la condition des grades civils, des premiers emplois de l'État, restituant à la vérité son sceptre sur la pensée humaine[1], pendant que de justes lois protégeront la croissance de ces Ordres bénis qui multiplient, au sein d'un peuple malheureux, le doux pain de l'exemple, de l'instruction et de la charité. Vérité et charité, axe et ciment de l'édifice... On ne déchargera la Politique, quoi de plus évident! on ne soulagera l'État, et l'on n'augmentera la liberté qu'en multipliant les hommes qui pensent comme le Souverain, et réalisent par eux-mêmes la Civilisation. Le catéchisme dans les masses, la Théologie dans les classes instruites : la guérison réelle ne viendra que de là. La pensée seule gouverne l'homme! Qu'on s'attache à déployer surtout dans les jeunes intelligences l'idée de cause et l'idée de la Grâce : avec l'idée de loi et celle de liberté en l'homme, ce sont les plus importantes idées de l'âme, et celles malheureusement que les esprits ont laissé perdre. Il faut maintenir la raison dans toute sa force pour en obtenir plus aisément la Foi. Car les sciences ont laissé tomber la raison, et depuis quarante ans la philosophie est impuissante à la relever. Qu'un peu de Théologie et, pour un temps, s'il le faut, un peu moins de mathématiques dans l'enseignement supérieur, nous seraient d'un puissant secours. C'est l'homme d'abord qui entre dans la Société! c'est d'après l'homme, l'homme réel, et tel qu'il est dans le fait, que la Société s'édifie : la notion doit en être toujours présente. Et dès l'instant que sur ce point capital, les esprits ne sont plus dirigés par la Croyance, il est urgent qu'ils le

1. On oublie trop que, jusqu'au milieu du XVIIIe siècle, tous les hommes instruits possédaient leur Théologie.

soient par la connaissance; il faut croire ou il faut savoir! Sinon la Politique vient opérer le fait, l'État se mettre à notre place, et les hommes perdent la liberté. Ils la perdent, parce qu'ils n'ont plus en eux la lumière, la source des déterminations. Lorsqu'ils ne marchent pas d'eux-mêmes au but, la loi, bon gré mal gré, les y amène. Ou les lumières de la Théologie, ou pas de liberté chez les hommes......... — Quoi! les laïques feront de la Théologie? — Ne font-ils pas à tout instant de la Politique, à tout instant de la morale et de la Religion? On ne l'a point remarqué : dès qu'on franchit l'enceinte de la Théologie, qu'on sort de ses affirmations sur l'homme, on passe dans le Socialisme. Il n'existe pas de milieu : né bon, l'homme a droit évidemment à une égalité absolue, et à tout ce que l'utopie demande! Naturellement l'homme n'ira pas croire que sa nature pervertie préfère le mal au bien; que, de là résulte la nécessité de lois morales préventives, de lois civiles restrictives, de lois pénales répressives, la nécessité de confier aux *meilleurs* ces moyens qui protégent les autres, enfin l'État surveillant tous les hommes, l'intervention de Dieu dans le Pouvoir, notre état social en un mot! Naturellement, l'homme se croira partout le maître; il voudra posséder tout ce qu'il voit, et le réclamera! c'est la Révolution... Le même danger existera tant que subsistera illusion. Ou la Théologie chez les hommes, ou le socialisme : il n'y a rien entre deux. Thèse naïve de l'ignorance, thèse éternelle de notre orgueil toujours vivant, le socialisme exige qu'on lui oppose sans cesse la thèse de la Théologie, comme sans cesse on oppose une digue au fleuve qui ne cessera de couler... Ce n'est pas tout; comme en sortant du point de vue pratique, où la Théologie avait placé la civilisation en Europe, on entre dans le point de vue théorique, dans le point de vue socialiste d'une égalité absolue; et comme, placé en dehors de notre nature réelle, le socialisme est impossible, on aboutit au despotisme, ainsi qu'y ont abouti sur la terre la plupart des nations[1]. Et là sera le résultat de la Révolution... Le despotisme règne partout où le christianisme n'éclaire pas l'esprit humain. Dès que la conscience a perdu sa règle, le pouvoir se met à sa place. Hors de la répression par soi-même, de la répression intérieure, vient la répression politique. Ou la liberté morale, c'est-à-dire le catholicisme, ou la contrainte politique; ou la Théologie ou le despotisme! aucun homme d'État ne pourra sortir du dilemme, d'ailleurs l'expérience est là......... La Société étant construite au point de vue de la Théologie, c'est-à-dire de l'homme réel, ou tel que l'a laissé la Chute, quand cette Société succombe parce que ce point de vue s'éloigne, vous sentez ce qui reste à faire! Reprenons donc tout le problème, et dans les termes où il fut posé au début: — La Société moderne repose sur la Théologie; elle en a reçu son idée de Dieu, son idée du Pouvoir, son idée de la justice, son idée du droit, son idée du bien et du mal, son idée de l'homme, de son but, de sa loi, de sa liberté, de sa responsabilité, de son in-

1. Si le christianisme disparaissait, les écrivains se mettraient tous à lui rendre justice : il ne serait plus temps... L'orgueil, sous le nom de Révolution, amène en ce moment sur le monde moderne le même état de choses qui asservit, puis détruisit le monde ancien.

violabilité, de son obéissance sur la terre. D'une pareille Société retirer la Théologie, c'est comme si l'on retirait l'affinité d'un corps, il retombe en dissolution. Les théories ne conduisent pas loin. Ou la Société moderne succombera, soutenue encore quelques jours par un douloureux despotisme, ou on la rétablira sur la vérité : la vérité conforme au fait et conforme à notre nature, conforme à l'homme et à l'histoire, conforme au droit, conforme au bien, à notre liberté, à notre dignité, et, pour preuve dernière qu'elle est la vérité, déposée au milieu de ce monde, dans cette miraculeuse Église, surnaturellement établie, et surnaturellement conservée... Ah ! que demandons-nous de plus à la Vérité ?

*

* *

Et l'Église est la vérité...

L'Église, c'est la vérité. Qu'est-ce que le monde sans la vérité? Voilà six mille ans qu'il existe, et l'on cherche la vérité : et cela s'appelle philosophie? L'Église, dis-je, c'est la vérité, et la vérité, la connaissance de l'homme, sa position au sein de l'être, ses rapports avec celui qui le crée, la Société, ses fins, l'explication sublime de la vie ! Pourquoi créé, quel est le but? la Foi est l'axe de tout le système. Les autres questions, la pensée, la morale, le droit, la Politique, fixent le leur sur celui-là. L'Église, c'est la vérité....... Les grands esprits voient l'unité; la Création est une, c'est l'ensemble qu'il faut posséder. Hors de là, le bien, ce monde, Dieu, la justice, tout disparaît de la pensée. On peut donner la preuve d'une intelligence vive, d'une imagination enchantée, d'un inimitable talent; mais on n'est qu'une cymbale retentissante si l'on n'a pas l'unité. D'où viendraient les hommes pratiques? C'est le tout qui subsiste, c'est le tout qu'il faut embrasser. L'Église, c'est la vérité....... Et parce qu'ils l'ont perdue, leur esprit qui croyait contenir la lumière, est tombé dans une sorte d'enfance; ils oublient les idées éternelles pour le brin d'herbe ou de sable qui se trouve à leurs pieds. La science a détruit la pensée. L'esprit de l'homme ne résistera point à une analyse qui le dissout. Déjà cette science, cette poussière de la pensée, s'évanouit dans le panthéisme, où disparurent et les sciences et la sagesse de l'Orient! Les catholiques sont les seuls qui aient sauvé la raison du naufrage. Les catholiques disent aux hommes : Où serait la vérité depuis six mille ans que le monde subsiste? Et personne n'a pu leur répondre.. L'Église, c'est la vérité..... En définitive, l'humanité dans ses plus grands esprits, dans ses cœurs les plus héroïques, ses peuples les plus nobles et les plus relevés, nous a prouvé en croyant, qu'elle pouvait croire, en marchant qu'elle a pu marcher! En présence des Cieux, de cette harmonie qui déborde, où est le sens d'un monde comme celui qui remplit notre admiration, si le but est absent, s'il est inconnu de la terre? Pour être catholique, il faut deux choses : de la vertu et du bon sens. Le sens moral ne peut se détacher de l'autre. L'Église, c'est la vérité...... On ne découvrira point les choses du côté opposé à

Dieu. Le bien nous dit sur quel point est la lumière. Mais l'homme ne réfléchit pas que l'Infini à tout instant lui donne l'être, comment songerait-il qu'il en reçoit la vérité? Comme l'enfant, l'humanité ne sait pas qui la tient. De toutes parts on lui tend les bras : ici, la famille, l'éducation, les exemples, la charité; ici, l'Autorité, la protection, la justice, la paix; et là, la vérité. L'Église, c'est la vérité....... Et c'est en rapportant la vérité parmi les hommes, en y rétablissant la conscience, la liberté et la raison, toutes trois cruellement affaiblies par la chute; en leur restituant la Grâce et la charité, ces richesses surnaturelles qui viennent non pas détruire la nature mais l'accomplir, que l'Église, comme il devait arriver, a fondé des Civilisations vraies, basées sur le développement réel de la nature humaine. C'est la raison métaphysique de la durée et de la résistance de la Civilisation parmi nous. Et comme les nations chrétiennes sont nées successivement de l'Église, elles s'en iront à mesure qu'elles s'en sépareront. Ainsi peut successivement périr toute la chrétienté... L'Église vivra jusqu'à la fin. Dans l'agonie, nos membres, les uns après les autres, se paralysent, quand le cœur agit encore. Tout est mort dès que le cœur cesse de battre... Et l'homme disparaîtra de la terre avec la vérité.......

Mais vous, ne craignez-vous pas Dieu? Hier vous désiriez que la loi fût athée, aujourd'hui vous voulez que l'Église succombe. Si vous frappez l'Église, Dieu frappera le monde; il enveloppera les hommes dans ses châtiments. Si vous frappez l'Église, craignez pour votre Civilisation ! Craignons pour nous, pour notre propre génération, si nous chassons de sa demeure Celle qui nous a élevés. Si l'Europe veut étouffer de sa main Celle qui lui a donné le jour, son infamie dépassera celle des Juifs, et ce peuple cette fois révolté, se lèvera pour Dieu. Craignons de le payer de notre âme, de faire éclater sur nous la voix du dernier jugement, de précipiter l'heure d'un monde qui ne subsiste que pour les Saints!...... Les hommes ne sentent-ils pas que, lorsqu'ils auront immolé son Église, Dieu ne les épargnera plus? Ils ont crucifié son Fils, bien que par son amour pour eux, par son cœur sans orgueil, il se soit montré Dieu. Et cependant ils ont pu dire, malgré l'avertissement des prophètes, qu'ils ne l'avaient pas connu. Mais l'Église, qui les a inondés de ses biens, diront-ils qu'ils ne l'ont point connue? Que peuvent ils lui comparer sur la terre?. Le Verbe crucifié pardonne aux hommes, *parce qu'ils ne savent ce qu'ils font*: mais pour l'Église, une voix ne vous crie-t-elle pas qu'il ne leur pardonnera point, PARCE QU'ILS SAVENT CE QU'ILS FONT?....... Le Monde, « qui veut dominer et jouir » porte une haine d'orgueil à Celle qui lui demande de se soumettre et de souffrir. Voilà pourquoi l'Église est un objet d'horreur au monde qui triomphe. Mais le monde sera détruit lorsqu'il voudra porter le dernier coup à l'Église. Le monde périra quand sa haine fatale ne pourra plus la tolérer, parce que l'Église ne pourra plus le sauver. Le jour où les Rois et les peuples, les sages comme les insensés, où le monde entier, dont les attaques ont été jusqu'ici partielles, se lèvera pour consommer cette mort odieuse, ce jour là sera le dernier... L'homme ne peut subsister sans l'Église : l'Église, c'est la vérité.

« Seigneur du Ciel et de la terre, considérez notre humiliation ! montrez que vous n'abandonnez pas ceux qui espèrent en vous, mais que vous humiliez ceux qui se glorifient dans leurs forces. » N'entrez pas en jugement avec ce peuple, on l'a jeté depuis trop longtemps dans l'erreur, et il n'y a que votre bras qui le puisse sauver. A nous la confusion, mais à vous la miséricorde! Faites, Seigneur, que la terre soit de nouveau remplie par votre puissance, et tous comprendront votre gloire.

FIN.

ERRATA.

Page 30, ligne 22, *lire ainsi la phrase qui suit :* Quoi! le mal serait la conséquence inévitable d'une liberté que nous tenons de Dieu, même le mal qui détruit cette liberté?

Idem. ligne 25, *lire ainsi les phrases suivantes :* On confond notre libre arbitre affaibli et celui qui nous vint de Dieu, c'est-à-dire la liberté atteinte et la liberté pure. Oui, de la liberté, de la causalité, pouvait naître le mal; mais, comme à la Source infinie, c'est le bien surtout qui devait en sortir.

Page 85, à la note, ligne 3, miner le siége; *lisez :* mener le siége.

Page 114, lignes 12 et 13, Cette précieuse séparation, par Jésus-Christ; *lisez :* Cette précieuse séparation, fondée par Jésus-Christ.

Page 130, ligne 13, *au lieu de :* la conscience sacrifiée on retourne, *lisez :* la conscience sacrifiée, ou retourne, etc.

TABLE

POLITIQUE RÉELLE.

FIN DE LA TABLE.

Paris. — Imprimerie de W. R. Lainé et J. Havard, rue ..., 56

www.ingramcontent.com/pod-product-compliance
Lightning Source LLC
Chambersburg PA
CBHW072037090426
42733CB00032B/1840

9782012825840